서지문의

뉴스로 책 읽기

서지문의
뉴스로 책 읽기

서지문 저

기파랑

저자의 말

글을 쓰는 일은 '죄 닦음' 같이 느껴지는 때가 많다. 어떤 작가는 글을 쓰려면 '남들은 이런 일 안 하고도 사는데 나는 왜...?'라는 생각이 든다고 했는데 내가 불후의 명작을 집필하는 것도 아니니 그런 생각을 한다면 주제넘은 것이고, 글 쓰는 작업 자체가 힘 드는 것이라기보다 해당 매체가 나에게 (작더라도) 지면을 할애하면서 갖는 기대에 부응하고, 나의 칼럼을 읽는 독자가 칼럼을 읽는 데 들이는 1~2분 정도의 짧은 시간이라도 허망하지 않게 알찬 글을 써야한다는 생각이 어깨를 누르기 때문이다. 그러나 심한 부담감에도 불구하고 기고 요청이 오면 강고하게 거절을 못한다.

그 이유는 나의 성장과정에서 찾을 수 있을 듯하다. 내가 성장할 때만 해도 부모의 역할에 자녀와 소통을 하기 위해 노력해야한다는 개념이 전혀 없었고 자녀를 '훈육'해야한다는 개념은 뚜렷했다. 그 '훈육'속에는 부모의 말에는 무조건 복종하도록 양육하는 것이 포함되어 있었다. 따라서 나의 행동동기에 대한 오해나 사실에 대한 잘못된 인식에서 부당한 꾸중을 하실 때에 그 잘못된 인식 또는 정보를 시정하려고 하면 '말대답한다'

며 더욱 역정을 내셨다. 그래서 어릴 때부터 어떤 오해를 받거나 부당한 비난을 받으면 억울한 감정은 솟구치지만 울먹이지 않고 조리 있게 말할 자신이 없어서 변명이나 자기방어를 전혀 못하는 바보가 되었다.

그렇다고 부모님이 냉혹한 독재자였던 것은 아니고 사실 퍽 자애롭고 (부모님의 표현을 빌리자면) '막내라고 오냐오냐해서' 기르셨는데, 그러나 양육자와 양육 받는 자의 시각이 같을 수는 없지 않은가. 그 표출하지 못했던 자기변호에 대한 욕구가 주위 모든 사물과 사람, 사회의 잘잘못을 평가해서 부당하게 억압이나 불이익을 받는 사람을 대변하고 싶은 강한 욕구를 길러 주었나 보다. 그래서 나의 글쓰기는 일종의 해원解冤 작업이다. 이 세상의 모든 부당함을 논리적으로, 물러서지 않고 지적하는 것이 나에게 몸값이며 밥값이다.

박근혜 대통령이 레임덕을 넘어서 탄핵 논의의 대상이 될 때부터 우리나라는 매우 위태로워졌다. 탄핵이 되기까지 국가 경영을 너무 부실하고 무능하게 해서 나라의 기강이 해이해지고 국가의 권위를 무너져 내리게 한 박 대통령에 대해서 원망하는 마음이 컸다. 박 대통령 개인에 대한 연민은 컸지만 나라의 운명과 무관할 수 없는 국민의 한사람으로서는 원망이 더 컸다. 그런데 탄핵의 수혜자로서 대통령직을 계승한 문재인 대통령은 무능 때문인지 미리 준비한 로드맵에 따라서인지 나라의 경제를 망치고 후진국으로 후퇴시키는 정책을 골라서 시행하고 있지 않은가? 탈 원전, 최저임금 인상 등은 정책의 부작용이 명확히 드러나고 당장 철회하지 않으면 나라가 파탄날 것이 뻔한데도 강행하고 있다. 게다가 북한을 무한이 감싸고 무진장 퍼 줄 자세이며, 이러다가 김정은에게 나라까지 상납하지 않을까하는 불안마저 야기하고 있지 않은가. 이런 상황에서 나에게 지면이 주어지지 않았다면 정말 미쳐버렸을지도 모른다. 어떻게 이런 일이! 도대체 단 한 명이 반만년 쌓아온 한 민족의 노고와 성취를 모조리 망가뜨릴 수가 있다니. 그리고 북한과 저렇게 위험한, 국민의 생명과 자유를 건 모험을 하다니.

그래서 2년 여의 집필기간 동안에 나의 칼럼은 매회 절규가 되었다. 물론 내 정치 감각이 예리하지 못해서 분석이 정밀하지 못한 면이 있겠지만 어쨌든 나와 같은 울분, 위기감, 그리고 부당함에 괴로운 독자들에게는 나의 칼럼이 그들의 분노를 대변해주는 작은 카타르시스의 장이었다고 한다. 당국자들이 보고 진지하게 새겨서 그들의 정책 수립과 수정에 참고했으면 더할 나위 없이 좋았겠지만(어쩌면 그들이 읽지 않았기 때문에, 또는 읽어도 무시했으므로 칼럼이 계속될 수 있었는지도 모르지만) 그나마 이 세월을 견디는데 다수의 독자에게 나의 변변치 못한 절규가 도움이 되었다니 감사할 따름이다.

나에게 주어진 지면이 워낙 작다보니 토씨까지도 절약해야 하는 경우가 많아서 압축하고 압축했던 원문에, 뜻이 더 명확해지도록 최소한의 수정은 했지만 짧은 칼럼은 역시 간결함이 생명이라서 부연설명 등은 최소화했다. 칼럼 속에 다뤄진 사건들은 대개 아직 독자들에게 생생해서 이 시점에서는 별도의 설명이 필요하지 않을 것으로 생각한다. 아마 5년 정도 후에 개정판을 내게 된다면 주석이 상당히 필요해지지 않을까 싶다.

그간 만나는 지인마다 칼럼에 대한 절대적인 공감을 표했고, 친지들 또한 친목 모임에 가면 그 자리의 모든 사람들이 내 칼럼을 감탄스러워 한다는 이야기를 수도 없이 들었다. 그래서 지난 2년이 내 인생의 절정기 같은 생각이 든다. 사실 나는 이제는 이렇게 전투적인 칼럼 보다는 인생사에 대해서 연륜에 걸맞는 무르익은 성찰을 담은, 그리고 누구나 가벼운 마음으로 편안하게 읽으며 미소를 떠올릴 수 있는 장난스러움도 담긴 칼럼을 쓰고 싶다. 곧 나라의 상황이 개선되어 그동안 휘두르던 시퍼런 칼날을 내려놓고 봄날 같은 미소로 독자들에게 다가갈 수 있기를 바란다. 그동안 변변찮은 글의 게재를 뒷받침해 주신 조선일보 여론독자부, 그리고 격려와 성원과 사랑을 아낌없이 주신 수많은 독자들께 머리 숙여 감사드리며 기파랑의 편집진에도 심심한 감사를 드린다. 국내 서적은 저작권 관계로 책 표지 사진을 넣지 못해서 아쉽다. 독자들의 양해를 바란다.

2018년 12월

목차

영국 고립주의의
뿌리

『빌렛트』
샤롯트 브론테

세기까지 영국에서는 양갓집 딸들의 가정교사가 되려면 무엇보다도 프랑스어 실력이 좋아야 했다. 우아하고 매력 있는 신붓감 조건에 프랑스어가 들어 있기 때문이었다. 부잣집에서는 아예 프랑스 여성을 가정교사로 고용하는 일도 많았다. 또 프랑스 요리의 인기가 높아서 프랑스인 하녀를 두는 가정도 많았다.

반면 영어 구사는 프랑스 상류층 영양令孃들의 매력 포인트가 전혀 아니었다. 따라서 프랑스 부잣집에서 영국 여성을 가정교사로 채용하는 일은 드물었다. 더구나 영국 요리를 '골판지 쪼가리'라고 비웃는 프랑스인들이 영국인 요리사를 채용하는 일은 결코 없었다.

오늘날은 해저 터널 고속열차로 20분이면 영·불 해협을 건널 수 있지만 유럽 대륙에서 발아한 르네상스가 불과 40㎞ 너비의 이 해협을 건너는 데는 200년이 걸렸다. 그만큼 영국은 유럽의 변방이고 '한데'였다. 그래서 유럽 '대륙' 사람들은 영국인을 투박한 촌뜨기 정도로 생각했다. 사실 17세기 이후 영국은 인류의 가장 중요한 가치인 인권과 자유 부문에서 단연 세계 1위였음에도 영국인들은 겉으로 보이는 프랑스의 세련됨과 화려함에 열등감을 느끼기 일쑤였다. 동시에 라틴 민족이며 가톨릭교도인 프랑스인을 뼛속까지 불신하고 혐오했다. 샬롯 브론테는 그의 자전적 소설 『빌레트 _Villette_』에서 주인공의 입을 빌려, 프랑스인 여학생들은 학업에 대한 관심이나 열정은 눈곱만큼도 없고 오로지 사치와 환락과 연애만을 탐하며 '진실'을 존중하는 마음이란 털끝만큼도 없다고 치를 떨고 있다.

하나의 대륙에서 여러 나라가 끊임없는 갈등 속에 살아오며 원한과 혐오가 얽히고설킨 게 유럽이었다. 거기서 공동선과 평화를 위해 공동체를 구성하고 부국과 빈국이 통화를 통일했을 때 그 용단이 정말 놀라웠다. 더 큰 가치와 혜택을 위해 서로 유불리를 조절한 유럽의 지혜가 전 세계의 지역적 평화 공존 모델이 될 수 있을 것으로 기대했다.

그런데 영국에서 더 이상 대륙의 장단에 춤추지 말자는 여론이 비등한 것 같다. 영국이 탈퇴하면 나머지 국가의 결속도 느슨해질 것이다. EU가 삐걱대면 전 세계에 달갑지 않은 파장이 미칠 것이다. 우리는 그 파장을 정확히 예측하고 신속하게 대처할 준비를 하고 있는가. 2016/6/21

미국을
다시 백인의 나라로?

트웨인 명언집
마크 트웨인

든 미국 문학의 원천인 『허클베리 핀의 모험』의 저자 마크 트웨인은 1879년에 대통령 출마 선언을 했다. '미국 정가政街를 비웃기 위해서'라고 출마 이유를 밝힌 그는 "상원의원이란 교도소에 있지 않을 때는 워싱턴에서 법률을 만드는 사람"이라고 정의했고 "백악관에 들어갈 때는 아무리 건전한 도덕성을 가진 사람이라도 나올 때는 영혼이 냄비 밑바닥처럼 될 수밖에 없다"고 말했다.

당시 미국 정치는 이런 야유를 들을 만큼 부패했고 수준이 낮았다. 19세기 미국은 노예 해방이라는 변혁 외에도 서부 개척과 전국적 철도망 건설, 철강·유전 개발 등 대역사役事를 통해 세계 최대 부강국이 됐다. 하지만 오늘날 미국 밖에서까지 기억되는 19세기 미국 대통령은 몇이나 될까?

노예를 해방한 링컨이야 삼척동자도 안다. 미국이 독립을 쟁취하고 정부를 수립한 해가 1789년이어서 제퍼슨(3대), 매디슨(4대), 먼로(5대) 등 건국의 아버지들이 19세기 초까지 대통령을 했다. 그 외에 20달러 지폐의 얼굴로 우리에게 익숙한(그러나 인디언 추방 정책 때문에 지탄 대상이 되어 밀려나게 된) '미국의 나폴레옹' 앤드루 잭슨과 50달러의 얼굴인 북군 사령관 출신 그랜트 등이 있다. 하지만 이들을 제외하면 나머지 19세기 미국 대통령 16명은 거의 '무명'이다. 이런 '2류' 대통령이 집권해도 미국은 고립주의를 내세워 어느 나라의 간섭도 받지 않고 간섭하지도 않으며 부쩍부쩍 성장할 수 있었다.

그것은 아마도 미국이 연방국가여서 국가 분열 위기가 아니면 대통령의 역할이나 영향력이 결정적으로 중요하지 않았기 때문일 것이다. 그러나 정경 유착 때문에 묵인됐던 거대 기업들의 제휴와 연합은 무수한 폐단을 낳았고, '폭로muckraking' 저널리즘과 폭로 문학을 양산했다.

갑자기 19세기 미국의 존재감 없는 대통령들을 떠올려 보는 것은 혹시라도 트럼프가 백악관에 입성할까 하는 걱정 때문이다. 21세기에는 국제 정세에 대한 감각이 없는 고립주의자가 미국 대통령이 되면 전 세계가 몸살을 앓아야 하고 전화戰火에 휩싸일 수도 있다. 북핵 문제를 김정은과 햄버거를 먹으며 논의하겠다는, 부동산 재벌의 교양밖에 못 갖춘 미국 대통령이 유럽 원수들의 은근한 야유를 알아듣지도 못한다면 미국만의 수치와 비극은 아닐 것이다. 2016/6/28

민변民辯, 21세기 한국의 돈키호테들

『돈키호테』
미겔 데 세르반테스

많은 독자가 『돈키호테Don Quixote』를 포복절도할 코미디로 읽지만 필자는 주인공의 혼미함과 어리석음이 재미있지 않고 부아가 난다. 과장과 미화가 심한 기사도騎士道 소설들을 모두 진실의 기록이라 믿고, 풍차를 사악한 거인으로 오인해서 창을 겨누고 돌진한다든가 이발사의 놋대야를 저명 기사의 투구라고 우기는 정도는 웃어넘길 수도 있다.

그러나 후덕함을 가장한 공작公爵 부부에게 당하는 농락은 도저히 즐길 수 있는 수준이 아니다. 공작부부가 자기 부하를 변장시켜 아서 왕 시대의 마술사 멀린이라 속이고, 그와 그의 시종을 목마에 앉히고 지금 하늘을 날고 있다고 우롱하는 등 온갖 장난질을 쳐도 돈키호테가 고스란히 속으면서 황송해 하는 데는 분노가 치밀고 혐오가 인다. 악한 자의 이익과 쾌락에 봉사하는 어리석음은 성스러운 어리석음이 아니고 백치의 어리석음이다.

요즘 사악한 북한 정권의 목표에 '복무'하려는 듯 남한 사회를 휘저어 놓는 민변民辯 변호사들은 북한의 실체를 언제쯤 똑바로 인식하고 그들의 하수인이 되기를 거부하게 될 것인가? 말 그대로 현세의 지옥인 북한 정치범 수용소 상황은 말할 것도 없다. 김씨 왕조의 세습군주들은 핵무기를 개발해 인류를 위협하고 일신의 사치와 향락을 위해 수백만 국민을 굶겨 죽이고 서해의 조업권까지 중국에 팔아넘겨 어민들을 기아로 몰아간다. 민변은 그들을 돈키호테가 사악한 공작 우러러보듯 하는 것일까? '태양절' 따위의 국경일의 화려한 매스게임을 보면서 그 일사불란한 장관을 연출하기 위해 몇만 명 학생들이 몇 달을 땡볕 아래서 기저귀를 차고 십여 시간씩 모질게 훈련하다가 일사병으로 죽고 골병이 드는 것을 그들은 고귀한 기사를 모시는 시종들의 당연한 의무라고 생각하는가? "김정은 수령님께서… 하시었습니다"라며 감격에 겨운 대사를 읊는 북한 아나운서의 어조나 북한 어린이 기예단의 농염한 애교도 '수령님'의 사랑에 대한 당연한 보답으로 보이는가?

어느 북한 주민이 집에 불이 났는데 우선 김정일의 사진을 안고 나왔다가 어린 아들을 구하러 들어갔더니 아들은 이미 죽어 있었다고 한다. 온 천하에 지천으로 널린 종이 한 장을 아들보다 먼저 안고 나오도록 사육된 그 아버지의 회한을 듣는다면 이 땅에 사는 21세기의 돈키호테들도 마침내 미망에서 깨어날 수 있을까? 2016/7/5

여자 목숨,
파리 목숨

『클라리사 할로』
사뮤엘 리처드슨

5년 전 10대 남학생 22명이 골목에서 맥주를 마시던 여중생 2명을 협박해 산으로 끌고 가서 성폭행하고 이후에도 다시 성폭행을 했다는 뉴스의 뒷얘기가 기막히다. 사건 발생 후 5년간 피해 여학생 중 한 명은 학교를 그만두었고, 두 여학생 모두 가해자들과 마주칠까 봐 집 밖을 못 나가며 심리 상담을 받았다고 한다. 반면 가해 남학생들은 당당히 대학에 진학하고 여자친구를 사귀고 취직도 했다고 한다. 이렇게 불공평해도 되는가?

프리드리히 엥겔스는 저서 『가족과 사유재산, 국가의 기원』에서, 수렵 채집의 시대를 지나 교환 가치가 있는 일을 남자가 독점하면서, 남자가 재산을 자기 친자에게 물려주고 싶어서 여성에게 정조貞操를 요구하게 됐다고 했다. 그러나 친자감별법이 없던 시대라서 정조를 잃은 여성에게 죽음보다 더한 징벌을 가함으로써 여성이 다른 남자의 유전자를 받지 못하게 했다. 과정을 불문하고 오로지 순결 상실이란 결과만으로 더럽혀진 여인으로 낙인찍어 사회에서 영구 추방함으로써 결국 정조를 팔지 않고서는 살 수 없게 만들었다.

　여성을 정조의 노예로 만들기 위해 '정조 이데올로기'까지 생성했다. 정조는 여성의 품위와 가치의 기본이 되었다. 날벼락 같은 불운을 당해 정조를 잃었더라도 '금 간' 여인에게는 자비가 없었다. 그렇게 되니 여성의 정조를 '사냥'하는 약탈족이 생겼다. 18세기 영국 소설 『클라리사 할로clarissa harlowe, or the history of a young lady』의 남자 주인공 러브리스는 여러 여성을 사탕발림으로 꾀어 정조를 유린한 뒤 콧대 높게 튕기던 여자가 절대 약자가 되어 자기에게 결혼을 구걸하는 것을 보는 맛으로 산다. 이곳저곳에 포획한 먹이를 두고 시혜를 베풀 듯 가끔 방문해서 군림한다.

　우리도 다르지 않다. 환향녀의 비극과 위안부 피해 할머니들이 광복 후 반세기를 죄인처럼 숨어 누가 자기를 알아볼까 봐 숨죽이고 살았던 사실이 모든 것을 말해준다. "짓궂은 소년들이 파리를 죽이듯 신들이 우리의 목숨을 갖고 논다"는 셰익스피어 희곡 「리어 왕」의 명대사는 남녀 사이에도 적용된다. 여성이 남자의 장난에 인간적 존엄에 치명상을 입지 않는 날이 언제쯤 올까? 집단 성폭행범은 단독 성폭행범의 형량에다 합세한 가해자 수를 곱한 형량을 받아야 한다. 여성이 안전한, 그래서 모든 이의 인권이 보호받는 사회가 되려면. 2016/7/12

사법부의
철의 장막

『억척어멈과 그 아이들』
베르톨트 브레히트

독일의 희곡 작가 베르톨트 브레히트의 희곡 「억척어멈과 그 아이들Mother Courage and Her Children」은 법조인에 대한 일반의 시각을 보여주는 작품이다. 이 작품에서 행상으로 힘겹게 살아가는 억척어멈은 장사 밑천을 뇌물로 바쳐서 죄 없는 아들을 풀어내오며 이렇게 탄식한다. "판사들이 뇌물을 먹고 죄 없는 사람을 풀어주기도 하니 얼마나 고마운 일이냐"

법조계는 사회정의와 국민 인권의 보루여야 한다. 그런데 우리나라의 법조계는 철저히 철의 장막에 가려져서 아무도 그 참모습을 알 수 없는 비밀결사와 흡사하다. 법관으로서의 소명을 올바로 수행하는 법조인도 분명 있을 텐데, 그들은 비리 판·검사의 높은 그림자에 가려져 보이지 않는다. 법조계를 비밀의 요새로 만드는 철의 장막은 부장판사 출신 변호사가 100억 원대의 부당 수임료를 받고, 현직 검사장이 특정 기업에서 돈을 받아 다시 그 기업 주식을 사서 120억 원대의 막대한 시세 차익을 거두는 기막힌 일을 벌이도록 유혹한다.

철의 장막 뒤에서 어떤 법조인은 '전관예우'라는 뻔뻔스러운 미명美名의 민주주의 파괴 행위를 수십 년 자행해 왔고 어떤 판사는 국민의 상식이나 법 감정이 도저히 수긍할 수 없는, 국민을 공분케 하는 국가적인 판결을 내린다. 어떤 자리에서, 요즘 젊은 판사들은 판결 전날 자기 엄마에게 전화를 걸어서 이러이러한 사건인데 어떻게 판결을 하면 좋으냐고 묻는다는 우스갯소리가 나왔다. 요즘 판·검사들이 지닌 소명의식 수준과 세상 경험의 일천함을 비꼬는 것이었는데 그 자리에 있던 그 누구도 '그럴리가!'하며 분개하지 않았다.

우리나라 입법·사법·행정부 3부 중에서 국민이 정말 자신을 위해 존재한다고 믿는 기관이 하나라도 있는가? 어려운 시험에 붙었거나 선거에 당선됐다는 이유만으로 정의를 희롱하고 국민을 무시하고 국민의 세금을 착복하고 낭비할 권리가 있다고 확신하는 선량, 공직자, 법관이 3부에 넘쳐나는 것 같다.

우선 법조계부터 자신을 가린 베일을 벗어야 한다. 국민이 요구하면 검사의 기소장과 판사의 판결문을 공개해야 한다. 그리고 국민의 이의가 강한 판결에 대해서는 국민과 토론도 하고 동료 판검사들의 공판 평가, 의견서도 발표해서 국민이 신뢰할 수 있는 법조계로 거듭나야 한다. 법조계는 법조인만의, 법조인만을 위한 조직이 되어서는 안 된다. 2016/7/19

갑질하는 당신의
진짜 몸값은?

『아서 왕 궁전의 코네티컷 양키』
마크 트웨인

국 작가 마크 트웨인의 『아서 왕 궁전의 코네티컷 양키 _A Connecticut Yankee in King Arthur's Court_』는 흉기에 머리를 맞아서 기절한 19세기 미국인 엔지니어 행크가 어쩐 일인지 6세기 영국 아서 왕의 궁전에서 깨어남으로써 벌어지는 대혼란을 다룬 이야기이다. 행크는 어느 날 답답한 궁정을 벗어나 평민들의 삶을 살펴보러 가는데 아서 왕이 동행을 자청한다. 평민으로 변장한 두 사람은 시골길에서 붙잡혀 노예상인에게 팔린다. 그런데 아서 왕은 노예로 팔린 사실보다도 자기 몸값이 행크의 몸값보다 낮다는 사실에 더 경악한다.

최근 재벌가 오너가 운전기사에게 갑질한 사연이 알려져 공분을 사고 있다. 우리 뉴스의 단골 메뉴인 '갑질'을 일삼는 사람들은 자기 회사의 직원이나 하청 직원은 자신보다 하급 인간이라고 여기는 게 분명하다. 그러니까 부하직원을 하인처럼 부리고, 직업상 운전기사에게는 적발되면 '전과'가 되는 교통 법규 위반을 하도록 일상적으로 명령하고 마음에 안 들면 폭행도 하는 것 아니겠는가. 그런데 만약 트웨인의 소설처럼 알몸으로 해적에게 포획되어 노예로 팔린다고 가정하면 귀한 분 중에 자기가 함부로 대하던 하급자보다 높은 몸값을 받을 수 있는 이가 몇이나 될까.

우리는 전통 유교 사회의 신분제로 인한 불평등 때문에 대다수 백성이 피눈물을 흘리지 않았는가. 실력보다 신분이 대접받는 사회는 허약하다. 결국 나라까지 망하지 않았는가. 천신만고 끝에 주권을 되찾고 나서도 각종 사회적 불평등으로 인해 무수한 갈등을 겪었지만, 아직도 우리 지도층 일부의 의식은 자신이 특권층이라는 인식과 특권적 행태를 벗어나지 못하고 있다.

물론 엘리트의 우월의식만 문제인 것은 아니다. 까다롭고 무섭고 야박한 윗사람의 명령은 철저히 받들면서도 자기를 인격체로 대하는 사람의 지시는 행하는 시늉만 내는 하급자도 있다. 기업으로서는 상급자가 직원을 맹훈련시킬 필요도 있을 것이다. 그러나 상급자가 아랫사람의 취약한 입지를 이용해서 모욕을 주면서 노예처럼 부리는 게 사회적으로 더 위중한 문제다.

존 브래드퍼드라는 16세기 영국 목사는 사형장으로 끌려가는 죄인들을 보고 "하나님의 은총이 없었더라면 내가 저기 있었을 것이다"라고 말했다고 한다. 내가 잘나서가 아니라 신의 은총으로 목숨을 부지하는 것이란 겸손한 마음을 지닌다면 오늘 누리는 '은총'을 잃을 처신을 삼갈 수 있을 텐데. 2016/8/2

최고 지도자의
국민 감동 연설

『왕의 연설』
마크 로그

The King's
Speech

Logue, Mark

영화로도 크게 성공한 마크 로그의 저서 『왕의 연설^{The} King's Speech 』을 보면 영국 왕 조지 6세(재위:1936~1952)는 말더듬증을 극복하고 국민과 소통하기 위해 다년간 언어치료를 받으며 무진 애를 썼다. 그런 노력 끝에 영국이 독일에 선전포고 하는 1939년 9월 3일 그는 전 국민을 대상으로 한 라디오 연설에서 힘 있게 호소할 수 있었다. "국민 여러분은 이 시련의 시기에 침착하고 꿋꿋하고 단결해 주십시오. 앞길은 험할 것입니다. 우리가 소중하게 여기는 모든 것을 위해, 그리고 세계의 질서와 평화를 위해, 우리는 이 도전에 대처해야 합니다."

그의 호소는 6년의 2차대전 동안 가족의 전사와 밤낮 없는 폭격과 물자 품귀를 견뎌야 했던 영국인에게 힘이 되었다.

역사적으로 최고 지도자의 연설은 국민의 마음을 모아 국가 위기를 극복하게 하는 최상의 카드였다. 단 3분짜리의 게티즈버그 연설로 미국을 분단 위기에서 지켜낸 링컨 대통령, "히틀러를 저지하는 데 실패하면 전 세계가 암흑시대로 후퇴할 것이니 우리 모두 우리의 의무를 다하기로 굳게 결심 합시다"라고 촉구했던 윈스턴 처칠 총리, "나는 우리의 후손이 언젠가는 그들의 피부색이 아니라 그들의 인격으로 평가받게 될 것이라는 꿈을 갖고 있습니다"라고 역설한 마틴 루터 킹 목사, 그 외에도 기라성같은 위인들의 연설이 국난을 극복하고 역사의 물길을 돌리고 인류의 가슴에 도의와 명예심의 불꽃을 심었다.

우리는 지금 전국이 북한 핵미사일의 사정거리 안에 있는데 우리의 맨몸을 가려 줄 사드 배치를 중국이 강압적으로 반대한다. 시진핑 주석은 취임 초기에는 박근혜 대통령을 그들의 국경절 행사에 초청하기 위해 한국에 열렬히 구애했다. 그러나 박근혜 대통령을 일회용 장식품으로 이용해 먹은 후에는 태도가 냉랭해지더니 이제는 완전히 속국 취급이다. '너희가 핵폭탄을 맞을지언정 용의 비늘을 거스르려 하느냐?'는 식이다.

이 상황을 돌파할 카드는 박 대통령이다. 그가 군사·전자파 전문가들과 함께 직접 성주를 방문해 주민을 설득해야 한다. 필요하다면 퇴임 후에 성주에 내려가서 살겠다고 약속도 할 수 있는 일 아닌가? 대통령은 국가를 지키기 위해 국민과 만나고 진심을 담은 호소로 국민의 마음을 움직여야 한다. 2016/8/9

『한국 1950년, 전쟁과 평화』
박명림

1950년, 기습 남침을 감행한 인민군이 해일처럼 밀려 내려와서 나라의 명맥이 낙동강 하구에 간신히 매달려 있던 때, 성공 확률 5천분의 1이라는 최악 조건의 인천상륙작전을 성공시켜 단숨에 전세를 뒤집고 서울을 수복한 것이 오로지 맥아더 장군의 직관과 치밀함과 결단과 지략 덕분인 줄 알았다.

그런데 영화 「인천상륙작전」을 보고야 그 아슬아슬한 작전의 성공이 맥아더 장군의 병법兵法에만 힘입은 것이 아님을 알게 되었다. 그 성공 뒤에는 인천항 일대의 인민군 기뢰 매설 지도를 비롯한 유엔군의 인천 상륙 가능성에 대비한 인민군의 방어 시설, 병력과 장비, 보급선 등의 정보를 목숨 걸고 캐낸 해군 첩보대의 활약이 있었고, 경북 영덕군 장사에 상륙해서 인민군과 교전을 벌여 유엔군의 인천상륙작전이 진행될 수 있게 한 학도병 부대 772명의 영웅적 희생이 있었던 것이다. 그것을 모르고 있었으니 참 부끄러운 무지無知다.

그런데 이토록 중대한 사실을 기록한 전사戰史가 드물어 참으로 안타깝다. 윌리엄 맨체스터가 저술한 맥아더 장군 전기 『미국의 시저The American Caesar』에는 맥아더 장군이 인천 상륙의 전략적 필수성과 성공 가능성에 대해 트루먼 대통령과 미 국방부를 설득하는 데 무진 애를 먹었던 이야기만 있다. 백선엽 장군은 그해 8~9월 낙동강 전선에서 국토의 마지막 한 조각을 지키기 위해 사선死線을 무수히 넘나드느라 그랬는지 그의 회고록에는 인천상륙작전이 상세히 기술되어 있지 않다.

6·25 전쟁 연구의 권위자 박명림 연세대 교수의 『한국 1950년, 전쟁과 평화』에는 그간 알려지지 않았던, 인민군이 사실상 인천을 유엔군 상륙작전 후보지 셋 중의 1위로 예측하고 작전 저지를 위한 만반의 준비에 분투했고, 그 때문에 인천에서 서울까지 불과 40㎞ 거리를 유엔군이 돌파하는 데 13일이나 걸렸던 사실 등을, 최신 밝혀진 여러 자료를 인용하며 상세히 알려주고 있다. 그러나 여기에도 임병래 중위 휘하 해군첩보부대의 'X-ray 작전'이나 경상북도 해안의 장사에 상륙해서 인민군과 교전함으로써 유엔군에게 인천에 상륙할 틈을 준 소년 학도병들의 활동은 기록되어 있지 않다.

목숨을 바쳐 나라를 지켜 준 호국 영령들에게 그들의 은덕으로 나라와 삶을 받은 후손들이 할 수 있는 보답은 그들을 기억하고 감사하는 것이다. 2016/8/16

스포츠의 축복

『올림픽 정신』
스콧 프로딩햄

개막식을 불과 며칠 앞두지 않은 시기까지 건축 중이던 경기장 모습이 스포츠 팬들을 불안하게 했지만 리우올림픽은 매우 성공적으로 치러졌다. 아일랜드 출신 히키 IOC 위원의 암표 판매 같은 어이없는 사고가 있긴 했지만 주최국의 책임은 아니었고, 무엇보다도 저예산으로 치러졌지만 브라질의 멋과 흥을 보여 준 개·폐막식이 마음에 들었다. 앞으로 돈 잔치가 아닌 지구촌 축제로서의 올림픽의 좋은 선례가 되기 바란다.

우리나라는 메달 수에서는 조금 후퇴했지만 선수나 국민이나 즐겁게 경기를 하고 감상한 점이 매우 기뻤다. 그러나 김정은에게 메달을 갖다 바치지 못하면 어떤 벼락을 맞을지 모르는 북한 선수들은 안쓰럽기 짝이 없다.

동서 냉전 중에 공산권 국가들에서는 국가대표 선수들의 훈련이 전투 훈련 이상으로 살벌했다고 한다. 구소련에서는 선수들에게 캐비아(철갑상어 알)를 비롯해 보통 국민은 평생 맛도 못볼 산해진미를 매일 먹이면서 얼마나 살인적인 훈련을 하고 우승에 대한 압박을 무섭게 주었는지 당시 운동선수들의 평균 수명이 29세였다는 보도를 본 적이 있다. 구동독 선수들도 메달을 따지 못하면 '폐품'이 되었다고 하고, 1992년 바르셀로나에서 만 13세에 금메달을 딴 중국 다이빙 선수 푸밍샤는 9세 때 국가대표선수 양성소에 들어간 이후 하루도 쉬지 않고 매일 100번씩(4~5시간, 때로는 9시간의) 다이빙 연습을 했고 집에는 1년에 두 번만 갈 수 있었다고 한다.

현대의 스포츠는 선수들 기량을 최대한으로 끌어올리기 위해 막대한 지원금을 투입한다. 지원 금액과 성적이 상당 부분 비례하는 것도 사실이다. 그러나 지원이 선수를 노예처럼 묶어서는 안된다.

필자는 완고한 유교적 가풍 때문에 운동과 담쌓고 자라서 지독한 몸치가 되고 보니 자기 몸을 단련하여 아름답고 강건하고 정밀한 도구로 가꾸어내는 운동선수들이 너무나 부럽다. 그리고 올림픽 정신으로 생을 경영한다면 얼마나 멋진 일인가?

『올림픽 정신Olympic Spirit』의 저자 스콧 프로딩햄의 시가 아름다운 올림픽 정신을 말해준다.

당신은 나의 적수지만 나의 적은 아니야/ 당신의 저항이 내 힘을 북돋고/ 당신의 강인함이 내게 용기를 줘./(…)/ 비록 내가 당신을 제압하더라도 당신에게 굴욕을 주진 않을 거야./ 오히려 당신의 이름을 드높이겠어./ 당신이 나를 거인으로 키워줬으니까. 2016/8/23

부르키니의
여인들

『희랍인 조르바』
니코스 카찬차키스

가끔 산책로를 걷다가 모자를 쓰고 커다란 마스크를 한 여성을 보면 얼핏 복면강도가 연상된다. 한국에서 마스크를 쓴 여성이 오싹한 느낌을 준다면 유럽에서는 부르카를 착용한 여성이 테러리스트를 연상케 할 것이다. 사실은 부르카를 둘러쓴 남성일 수도 있고, 그 풍성한 옷자락 속에 다량의 폭발물을 숨기고 있을 수도 있으니까.

프랑스는 지난 달 프랑스혁명기념일에 이슬람극단주의자에게 끔찍한 테러가 자행되었던 남불南佛의 해변에서 부르키니(손목·발목까지 덮고 후드를 두르는 여성 수영복)의 착용을 금지했다. 그런데 프랑스의 최고법원이 이 금지령이 '개인의 자유를 침해'한다는 이유로 단속을 중단하도록 명령했다고 한다.

남불의 여러 도시는 여기에 반발해서 금지 강행을 선언하고, 사르코지 전 대통령이 대선 출마 선언을 하면서 내년 대선에서 집권한다면 "프랑스 전역에서 부르키니 착용을 금지하겠다"고 공약했다고 한다. 여러 정치인이 또한 찬·반 입장을 표명해서 부르키니 착용 문제는 내년 대선의 최고 의제가 될 것이라는 전망도 나오고 있다.

무슬림 여성들이라고 그토록 거추장스럽고 수영에 방해되는 옷을 좋아서 착용하는 것은 아닐 것이다. 일부는 프랑스의 과거 식민 지배에 대한 반항 정신에서, 일부는 동족의 눈길을 의식해서 입을 것이다. 그러나 그들도 자유에 목마르고 인격체로 대우받고 싶고 자기 성취를 소망할 것은 분명하다.

오늘날 이슬람 여성들에게 씌워진 굴레는 전 세계 여성들이 유사한 형태로 겪어 온 것이다. 유교 체제하에서 양반 계급의 여성은 길에 나갈 때 장옷으로 얼굴을 가려야 했다. 인수대비는 '내훈'에서 지혜로써 남편을 깨우치고 인도하는 아내를 이상적 아내로 꼽았지만 또한 아내는 남편이 발로 차더라도 반항해서는 안 된다고 가르쳤다. 존귀했던 서양의 숙녀도 숙녀 대접을 받기 위해서는 갖은 제약은 물론 수모도 견뎌야 했다. 1940년 대를 배경으로 하는 니코스 카잔차키스의 반半실화소설 『희랍인 조르바Zorba the Greek』에서 탐스러운 머릿결의 과부 소멜리나는 외지인과 하룻밤을 지냈다는 이유로 교회 앞에서 동네 사람들에게 목이 잘린다.

이슬람 여성을 무학無學과 여성 할례, 명예살인, 부르카 착용, 일부다처제의 굴레에서 구하기 위해서는 금지보다 그들의 증오와 반감을 누그러뜨릴 우정과 인내, 선의의 설득이 더 필요할 것 같다. 2016/8/30

역사의 더딘 전진,
빠른 후퇴

『복종』
미셸 우엘벡

2015년 출간된 미셸 우엘벡의 『복종Submission』은 2022년 프랑스 대선에서 이슬람박애당 당수가 승리하는 상황을 가정한 디스토피아 소설이다. 이슬람이 집권하자, 거리의 분위기는 무겁고 고속도로는 텅텅 빈다. 섹시하던 여자들의 의상도 색 없는 바지와 헐렁한 긴 블라우스로 바뀐다. 직장에서 여성은 사라지고, 그간 은밀하게 이슬람에 동조하던 인사들은 출세하고 열다섯 살 소녀를 아내로 더 들인다.

터무니없는 가정이라고 생각하면서도 소설 전개가 흥미롭고 생생해서 좀 오싹하기도 했는데, 우연히 보게 된 40년 전과 후를 대조한 두 쌍의 사진으로 인해 그것이 소설에나 나올 이야기가 아님을 깨달았다. 한 쌍은 1972년 카불 시내 거리를 세 명의 여학생이 셔츠블라우스에 미니스커트를 입고 신나게 떠들면서 활보를 하는 모습과 2012년 세 여성이 부르카를 쓰고 맥없이 앉아 있는 모습이다. 다른 한 쌍은 1970년 테헤란에서 화사한 상의와 미니스커트 차림의 여학생들이 활기찬 모습으로 수

업을 받는 풍경과 2009년 비슷한 교실에서 여학생들이 모두 까만 차도르를 쓰고 경계하는 눈빛으로 카메라 쪽을 보고 있는 모습이다.

두 쌍의 사진을 보면서 역사의 시곗바늘을 되돌리는 것이 단칼에 이루어질 수 있는 일임을 깨닫고 강한 충격을 받았다. 수십, 수백 년에 걸쳐 쟁취한 진보가 단 하루 만에 물거품이 된 예는 허다하다. 대부분은 당시 체제의 부패와 독재에 대한 반감이 국민을 혁명에 호응하게 하는데 안타깝게도 그 혁명은 절대적 독재라는 수단으로 유지되며 차차 무섭게 부패해간다.

이제는 통일을 '대박'으로 기대하는 국민은 많지 않은 것 같지만 우리는 어쨌든 통일이 되면 남한이 북한 동포를 압제와 가난에서 구해주는 시혜자가 될 것으로 예상한다. 그러나 북한이 완성된 핵무기로 남한을 초토화하겠다고 위협하면 우리는 허둥거리다가 북한에 '접수' 되어버릴 가능성도 없지 않다. 그때 콧대 높은 민주시민이던 우리가 사상범 수용소나 탄광에 끌려가지 않기 위해 주체사상의 광신도가 되지 않는다고 장담은 하지 못한다. 우리 지도층이 대오각성해 자정(自淨)으로 국민의 반감을 불식하고 국민도 서로 반목과 갈등을 해소할 길을 모색하지 않는다면 지난 100년의 시련을 통해 얻은 성과가 일순간 물거품이 될 수도 있다. 2016/9/6

시진핑,
오만한가 어리석은가?

「팔일八佾」 논어 제 3권
공자

"우물 다시 안 먹을 거라고 침 뱉고 돌아서면 금방 다시 먹게 된다"는 속담이 있다. 오래 신세를 지던 은인에게, 자기가 좀 살 만해지자마자 은혜를 갚기는커녕 악담이나 해코지를 하고 등을 돌리면 곧 또 그의 도움을 청할 일이 생기기 마련임을 절묘하게 빗댄 속담이 아니겠는가.

중국이 항저우 G20 정상회담을 위해 외국 정상들을 영접하면서 다른 나라 정상들은 붉은 카펫이 깔린 트랩을 내려오게 하고 오바마 미국 대통령만 카펫이 안 깔린 트랩을 내려오게 했다는 보도를 보고 '아니, 시진핑의 IQ가 도대체 얼마이기에?' 하는 생각이 들었다.

미국 몬태나 주립대학의 맨스필드 연구소 소장을 지낸 고故 필립 웨스트 교수의 아버지 댄 웨스트는 인디애나주 출신 농부였다. 젊어서 스페인 내란에 보급병으로 참전한 후에 세계의 빈민을 돕고 싶다는 농부다운 발상으로 빈곤국 국민에게 가축을 보내기 시작했다고 한다. 그것이 국제암소재단International Heifer

Foundation으로 발전하여 오늘날 125개 국가의 빈민들에게 가축을 기증해서, 기아 문제도 해결하고 소득도 증대하고 가축이 번식하면 이웃에게 새끼를 나눠주고 있다고 한다. 중국도 수혜국의 하나임은 물론이다.

미 국민이 중국 물건을 열심히 소비해주고, 중국에 대대적으로 투자하고, 무수한 미국의 독지가들이 중국 국민을 기아와 문맹에서 구해 주려 발 벗고 나서지 않았다면 지금의 중국 굴기崛起가 어떻게 가능했겠는가? 지금도 미국 독지가들의 도움이 없다면 아사할 절대빈곤층, 공부를 못할 학생이 얼마나 많은데 미 국민을 분노로 끓어오르게 할 그런 악의적인 무례를 범한단 말인가? 그것은 오만을 넘어서 어리석음의 극치가 아닌가?

논어 「팔일八佾」편에는 공자가 임금을 극진한 예로 대하는 것을 두고 사람들이 아첨이라고 수군거리자 한탄하는 내용이 있다. 임금에게 극도의 예를 바치는 것은 (당시 실권도 없었던) 임금의 눈에 들어서 어떤 덕을 보기 위해서가 아니라 백성에게서 이런 예우를 받을 만한 군주가 되어달라는 간절한 마음의 표시였다.

외교에서 그토록 공들여 예의를 지키는 것도 국가로서 존중받을 만한 처신을 해 달라는 주문이 아닌가? 시진핑은 회의 주재국으로서 그런 흉악한 무례를 범하면 중국의 위상이 올라간다고 생각한 것일까? 시진핑의 어리석음이 부를 화禍를 그냥 한 편의 드라마로 즐길 수 있는 처지가 아닌 것이 애석하다.

2016/9/13

혼자가
더 좋다고요?

『안나 카레니나』
톨스토이

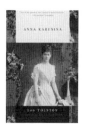

우리나라의 1인 가정 비율이 2인 가정 비율을 넘어섰다고 한다. 유교의 본산 중국보다도 더 철저한 유교 국가였던 우리나라에서 결혼과 출산 기피자가 이토록 많아질 줄이야 누가 상상이나 했겠는가?

"행복한 가정은 모두 비슷하게 행복하다. 그러나 불행한 가정은 다 각각의 방식으로 불행하다." 아마 문학에서 가장 잘 알려진 구절 중의 하나일, 톨스토이 소설 『안나 카레니나^{Anna Karenina}』의 서두이다. 그 각양각색 불행한 결혼의 양상은 수많은 문학작품 속에 정밀하게 묘사되고 분석돼 있다. 결혼이 불행의 산실인 것은 아니지만 적어도 여성에게 배우자 선택권이 없고 이혼이란 것이 사회적 파멸 그 자체였던 시대에는 결혼 때문에 불행한 여성이 참으로 많았다.

나는 결혼에 뛰어드는 사람은 참 용감한—솔직히 말해 겁 없는—사람이라고 생각했다. 그렇지만 나를 비롯해 대부분 사람들은 소설 속에서나 현실에서나 호감 가는 남녀가 결혼한다면 기뻐

하니 결혼을 부정적으로만 보지는 않는 것 같다. 아니면 우리가 낭만적 환상을 못 버리기 때문일까? 최초의 영어 사전 집필자 새뮤얼 존슨은 '재혼이란 희망이 경험을 압도하고 거둔 승리'라고 비꼬았다. 그러나 정답게 늙어가는 부부의 모습은 인간에 대한 신뢰를 회복시켜 준다. 상호 존중과 배려로 공동선을 이룩한 사람들이 아름답지 않은가?

결혼은 두 사람 사이의 관계지만 결혼의 불행은 대개 여자에게 훨씬 가혹하다. 19세기까지 영국 법정에서 이혼 허가는, 남자는 배우자가 부정을 저질렀다는 증거가 있으면, 여자는 남편이 부정을 저질렀을 뿐 아니라 심히 폭력적이어서 자기 목숨이 위태롭다는 것을 증명해야 내려졌다. 그리고 이혼녀는 그 경위를 불문하고 사교계에서 따돌림 당했다. 딸이 출가할 때 '맞아서 죽더라도 그 집 귀신이 되어야한다'고 으름장을 놓았던 우리나라의 양반가에서야 말할 필요가 있었겠는가.

그런데 이제 '올드미스'는 '골드미스'가 되었고 이혼녀는 화려한 '돌싱'이 되었다. 이런 천지개벽의 변화는 비인간적 억압과 폭력에 과감히 저항하며 사회적 편견을 견딘 무수한 여성의 희생으로 얻어진 것이다. 그러나 그 자체로서 무한히 소중한 자유는 더 훌륭한 가치 창조의 수단이 될 때 더욱 값지고 아름답다. 앞으로 우리나라에 한층 차원 높고 행복한 결혼이 늘고 우렁찬 아기 울음소리가 전국에 울려 퍼질 날을 기대해 본다. 2016/9/20

백인의 원죄와
흑인의 분노

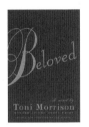

『빌러브드』
토니 모리슨

□국의 첫 흑인 노벨문학상 수상자인 소설가 토니 모리슨
의 장편 『빌러브드 Beloved』에서 베이비 서그스라는 흑인
은 노예 시절에 아이 여덟을 낳았는데 낳을 때마다 손가락을 한
번 잡아볼 뿐 얼굴은 보지 않았다고 술회한다. 아이는 다 주인
이 가져가 버려서, 얼굴을 보면 이별의 아픔이 더 커지기 때문
이었다. 그녀의 며느리 세스는 자유주州로 탈출을 시도했다가
붙잡히게 되자 두 살짜리 딸에게 노예의 사슬을 물려주지 않
기 위해서 딸의 목을 톱으로 자른다. 그 딸이 혼령으로 나타나
집을 소란스럽게 하고 나중에는 현신現身해서 어머니로부터 죗
값을 받아낸다.

　미국은 영국의 식민지였던 시절부터 200년 넘도록 연인원
6천만 명의 흑인 노예를 부렸다. 노예는 노예 상인들이 아프리
카의 부족 간 전쟁의 포로 등을 사서 대서양을 넘어 실어왔다.
약 15%의 인간 '화물'이 학대와 질병과 기아로 죽음에 이를 정
도로 비위생·비인간적이었던 '미들 패시지 middle passage'의 참혹

상은 모든 흑인 노예의 후손이라면 자자손손 잊지 못할 것이다. 노예들이 당한 학대와 수모 역시 인간의 행위로 믿기 어려운 수준이었다.

미국은 하느님의 뜻에 따라 살 자유를 위해 목숨 걸고 신세계를 찾은 청교도가 세운 나라인데 그들이 그토록 신을 모독하는 일을 저질렀다. 그 죄과가 오늘날의 흑인 사태. 유럽과 동양에서 이민 간 사람들은 대부분 고군분투해서 아메리칸드림을 이뤘지만 흑인은 대다수가 빈민가에서 탈출할 엄두를 내지 못하고 대대로 홀어미가 아비 없는 자식의 숫자대로 받는 복지 육아수당으로 살아가는 패턴을 벗어나지 못하고 있다.

미국에서 인종차별의 벽은 피부색에 따라 그 두께와 재질이 다르다. 많은 흑인들이 아직도 철저한 차별 속에서 자포자기의 삶을 살고 있다. 그러나 대물림된 그들의 분노는 점화를 기다리는 농축 가스처럼 가슴에 응축되어 있다. 그래서 경관의 총격이나 구타로 흑인이 사망할 때마다 흑인 폭동이 일어나곤 한다. 한편 경찰은 경찰대로 너무 많은 동료가 흑인에게 흉기에 찔리고 총을 맞았기 때문에 본능적으로 과잉 방어를 하게 되는 것이다.

킹 목사라는 위대한 흑인 지도자가 이룩한 흑인 인권 신장이 반세기 동안 흑인들을 다독였지만 이제는 완전한 평등에 대한 요구가 폭발할 때가 되었다. 모쪼록 또 한 사람의 킹 목사가 출현하기를 간절히 고대한다. 2016/9/27

김영란법을
구하자

『브랜드』
헨리크 입센

필자가 노무현 대통령의 가장 큰 업적으로 꼽는 것은 금권 선거를 없앤 것이다. 선거기간에 금품 또는 향응을 제공하거나 받은 사람에게 해당 금액의 50배 벌금을 물린다는 법 제정으로 우리나라의 민주주의를 좀먹는 금권선거를 한방에 종식했다. 얼마나 영단인가.

그래서 부정청탁금지법(김영란법)에 거는 기대가 컸다. 사실 허다한 명절 선물세트 같은 것은 그간 우리 경제의 지대한 낭비 요인이었다. 김영란법 도입을 계기로 이런 낭비를 지양하고 더 합리적인 대안을 마련하는 것이 바람직하다. 필자가 김영란법 발효의 결과로 걱정했던 것은 부패에 관해서는 귀재인 일부 국민이 그 법을 무력화할 묘책들을 어떻게든 생각해내지 않을까 하는 것이었다. 다행히도 일단 숨죽이고 고개 숙인 듯하다.

그런데 시행하고 보니 첫날부터 신음과 불평이 터져 나오고 법 해석에 관해 의문과 혼란이 무성하다. 그뿐 아니라 김영란법이 우리 제조업과 농업을 심하게 위축시키고 행정부서 간, 그리고 민과 관 사이의 협력과 절충을 어렵게 해서 행정의 효율도 떨어뜨릴 것이라는 우려가 몹시 깊은 것 같다. 비록 법 시행 초기이지만 참으로 실망스러운 사태가 아닐 수 없다.

근대 희곡의 아버지인 노르웨이 극작가 헨리크 입센의 『브랜드Brand』의 주인공 브랜드는 목사다. 그는 하늘의 뜻을 땅 위에 실현하는데 일신을 바친 사람이다. 빙하 밑 교회에서 목회를 하다가 어린 아들이 병들어 죽게 되었어도 그곳을 떠나지 않았다. 아내가 죽은 아들의 옷을 위로 삼아 애처로이 살아가지만 브랜드는 그 옷마저 모두 가난한 농부의 아이에게 주라고 한다. 결국 아내마저 삶의 의지를 잃고 죽는다. 옳은 일을 하는 사람이라도 연민과 배려가 없을 때 어떻게 폭군이 되는지 잘 보여주는 작품이다.

김영란법도 그 대상이 인간이라는 사실을 무시한다면 가혹하고 비인간적이며 비생산적인 법이 될 수 있다. 경제를 위축시키고 행정 효율을 크게 떨어뜨릴 우려도 있다. 따라서 란파라치를 인정하더라도 한 사람이 1년에 3회 넘게 고발할 수 없게 하는 식으로 제한해 무분별한 고발을 막도록 해야 한다. 모든 국민이 염원하는 부패 근절을 위한 법인데 초기의 혼란과 불편을 들어 성급히 원망하지 말고 법의 부작용을 최소화하도록 보완하는 데 온 국민이 지혜를 모아야 한다. 2016/10/4

폴리페서들의 허구虛構생성 경쟁

『사피엔스』
유발 하라리

세계적 화제작인 유발 하라리의 『사피엔스Sapiens』는 호모 사피엔스를 최악의 포식자, 형제 살해범으로 지목한다. 하라리에 의하면 호모 사피엔스는 먹이 사냥으로 지구상에 존재하던 동물의 4분의 3을 멸종시켰고 네안데르탈인이나 호모 에렉투스 등 다른 직립원인도 모두 절멸시키며 세계에서 가장 강력한, 유일 지배자가 됐다. 호모 사피엔스가 그토록 강력한 존재가 된 비결은 언어를 통해 가상의 실제를 창조하는(즉, 허구를 생성하는) 능력에 있었다고 하라리는 말한다.

신神과 종교, 민족, 국가, 법, 화폐, 인권 등은 모두 호모 사피엔스가 상상력으로 창조한 허구fiction라는 것, 그리고 그 허구를 가공의 접착제로 사용해 대규모 집단을 결속하고 조직적인 살육을 자행하고 다른 한편으론 대대적으로 종교를 전파하고 국가를 건설하고 정치·경제 체제를 정립했다는 그의 논지는 부정하기가 힘들다.

하라리가 허구라고 부르는 상징체계들이 인류를 우주의 지배자로 만들었지만, 또한 그것은 얼마나 많은 인간을 고통과 죽음으로 몰아넣었는가. 우리 스스로 초래하는 재앙이 우리를 두려움에 떨게 한다. 인간의 지력智力과 상상력은 진정 무한한데 바로 그 축복이 한편 인류의 재앙이다. 민간 우주개발 업체 스페이스X 사의 CEO 엘론 머스크는 10년 내에 화성에 100명을 보내겠다는 계획을 발표했다. 무한한 대담성과 무한한 치밀함을 요하는, 상상만 해도 가슴 떨리는 계획이다. 그런데 이 계획이 성사된다면 그 거대한 기술의 승리가 인간을 지혜롭게 할 수 있을까? 신비로운 화성 방문의 경이가 방문자의 탐욕과 아집과 이기심을 없앨 수 있을까?

유전공학의 발전은 생물학적으로 부모가 셋인 아이가 이젠 놀랍지도 않게 했고 이제는 인간 배아 유전자 편집 실험도 진행되고 있다. 전에는 자연의 섭리를 거스르는 일로 여겨져 두렵게만 생각했던 게 유전자 편집이다. 그런데 이 기술로 혹시 너그럽고 지혜로운 인간을 '합성'할 수 있을까 하는 기대를 걸어본다. 세상이 너무 절망적으로 변해가다 보니 이런 꿈을 다 꾼다. 내년 대선을 앞두고 여러 진영의 폴리페서(정치 참여 교수)들이 유권자를 현혹할 허구를 경쟁적으로 생성해내는 것 같다. 우리 국민이 이 허구들을 제대로 꿰뚫어 보고 평가할 수 있는가에 한국의 흥망이 달렸다. 2016/10/11

트럼프에겐
온 세상이 탈의실인가

『설득』
제인 오스틴

저인 오스틴의 마지막 소설 『설득^{Persuasion}』에 나오는 악당 월터 엘리엇은 길에서 스쳐 지나가는 여자도 눈여겨봐 두었다가 기회를 타서 접근한다. 그에게는 먼 숙부가 있는데 딸만 있는 홀아비다. 숙부가 끝내 아들 없이 죽는다면 월터가 그의 준남작 작위를 물려받게 돼 있다. 그런데 신분이 미천한 여자가 숙부에게 접근하자 혹시 숙부가 그녀와 결혼해서 후계자를 낳을까봐 그녀의 관심을 자기에게 돌리려 했다가 그녀와 동거를 하게 되는 상황까지 몰린다. 오스틴의 작품에서 성적으로 방종한 남자는 반드시 의리가 없고 여자를 낚으려고 친 덫에 자신이 빠지고 만다.

나는 남자들의 '탈의실 농담^{locker room talk}'을 싫어하지만 상황에 따라 일종의 유머로 인정할 수는 있다고 생각한다. 그런데 문제가 된 트럼프의 '탈의실 농담'은 격의 없는 친구와 편안한 자리에서 지나가는 말로 한 농담이 아니고 짧은 이동 시간에 허겁지겁 쏟아낸 음담패설이었다.

트럼프에게는 온 세상이 탈의실 아닌가 싶다. 그는 남자들에게 남자답게 보이기 위해서, 그리고 여자들에게 멋진 남자로 보이기 위해서 때와 장소를 가리지 않고 음담을 해야 한다고 믿는 유형의 남자 같다. 이 세상에는 여성에게 성적인 암시가 강한 찬사를 바치는 것이 여성에 대한 필수 예절이라고 확신하며, 그렇게 여성을 '공경'하는 자신의 능력에 큰 자부심을 느끼며, 또한 여성 앞에서는 자동적으로, 제어 불능으로 성적 농담과 비유를 쏟아내는 남성이 있다. 나아가 여성에게 최대한의 신체적 접촉을 시도하는 것이 '기사도'라는 터무니없는 망상을 하는 남자가 있는데 트럼프가 바로 그 전형인 듯하다.

그가 대통령이 되면 여성 각료나 관리, 백악관 인턴이 그 지저분한 치근거림을 어찌 견딜 수 있겠는가? 관록과 품위를 갖춘 유럽 여성 총리들이 얼마나 치를 떨고 미국과의 정상회담을 피하려 하겠는가? 그리고 전 세계 언론은 연일 미국 대통령 괴담을 보도하느라 숨 돌릴 겨를이 없게 될 것이다.

트럼프는 자기의 여성 비하 발언이 언급되자 힐러리의 남편 빌 클린턴의 여성 편력을 들어 반격했다. 한눈 판 빌 클린턴이 비난을 받는 것은 당연하다. 그래도 그는 대통령 직무는 수행했다. 그러나 돈과 섹스가 관심사의 거의 전부인 트럼프에게서 어찌 대통령 역할 수행을 기대하겠는가? 미국민이 과연 멸망을 자초하려는가? 2016/10/18

'색깔론'이라는 이름의
요술 망토

『남아있는 나날』
가즈오 이시구로

일본계 영국작가 가즈오 이시구로의 맨부커상 수상 소설 『남아있는 나날The Remains of the Day』의 주된 시간 배경은 영국이 독일에 유화책을 쓰던 1930년대 후반이다. 당시 애스터 자작子爵의 저택 클라이브덴에 자주 모였던 몇 명의 영국 귀족은 히틀러의 평화 수사修辭를 액면 그대로 믿고 양국 수뇌부의 접촉을 은밀히 주선해 평화무드 조성에 상당한 역할을 했다.

그 귀족들을 합성한 이 작품 속의 인물 달링턴 경은 자기 저택에 양국의 외교 비선秘線들을 초대해 성대한 파티를 열고 영국이 히틀러의 요구를 수용하게 한다. 달링턴 경이 이렇게 한 동기에는 영국을 전쟁에서 구하려는 애국심과 국운을 좌우하는 인물이 되고 싶은 허영심, 그리고 히틀러의 기만술에 속아 넘어간 개탄할 어리석음이 혼합되어 있다.

국민의 정부, 참여 정부의 대북정책을 지켜보면서 나는 위정자들이 너무 순진해서 북한을 신뢰하는 것인가, 두려워서 고분고분 말을 듣는 것인가, 아니면 기타 어떤 동기나 목적에서 북한을 위하는 것인가, 알 수 없어 자주 혼란스럽고 불안했다. 그런데 북한에 끝없이 퍼주고 모욕은 참는 이유를 국민이 물으면 당사자들은 그 문제 제기를 '색깔론이기 때문에 대응할 필요가 없다'는 반응으로 일관했다. 마치 대북문제에 관해서는 '색깔론'이라고 쓰인 망토를 뒤집어쓰면 아무리 진한 색깔도 즉시 표백되어버리고 문제를 제기한 사람이 옹졸한 트집잡이가 되어버리는 것처럼.

우리는 지금 그냥 이념과 체제가 다른 나라와 이웃해 존재하는 상황이 아니다. 세계 최악의 인권유린 국가, 전 국민을 김씨 세습 왕조의 노예로 삼고 동족을 핵으로 협박해 노예를 삼으려고 호시탐탐 노리는 시대착오적이고 반민주·반민족적인 집단을 머리에 이고 있다. 이런 현실에서 앞으로 나라의 명운과 국민의 안녕을 책임지겠다는 대권 주자라면 자신의 이념에 대해 제기된 의문, 북한 정권과의 뒷거래나 담합 의혹은 반드시 해명해야 한다. 국민 앞에 숨김도 부끄러움도 없어야 할 대선 주자가 '색깔론'이란 망토 뒤에 숨어 웅크린다면 찌질한 꼼수라는 비판을 받아 마땅하다. 하물며 전 세계를 경악케 하고 대다수 국민을 당혹스럽게 한 '북한 인권 탄압 감싸기' 관련 경위를 10년도 안 돼 '기억나지 않는다'고 하면 국민이 어떻게 그를 안심하고 선택할 수 있겠는가? 2016/10/25

바람 앞의 등불 같은
나라와 국민

『데이비드 카퍼필드』
찰스 디킨스

○인류 역사는 한마디로 극심한 불평등의 역사였지만 어느 시대, 사회나 힘없는 자가 꾀로 상전을 실질적으로 지배한 경우는 흔하다.

　우리나라에서는 아전이 원님을 우롱하고 마름이 지주의 도지賭只를 축내는 일이 매우 흔했다. 서양에서도 양갓집 규수가 연애를 부모 몰래 할 수는 있어도 몸종 모르게 할 수는 없었기 때문에 밀애하는 규수는 몸종에게 자주 '뇌물'을 바쳤고 은근한 협박에 시달리는 일도 많았다. 디킨스 소설 『데이비드 카퍼필드David Copperfield』에서 패륜아 스티어포스의 시종 리티머는 스티어포스가 원하는 여자를 손에 넣도록 비상한 수완을 발휘하고 그 여자가 버림받으면 자기가 차지하려고 한다. 그러나 그는 그의 비상한 능력을 남용하다가 철창신세를 지게 된다.

　나는 최순실 일가가 춥고 고단했던 시절의 박근혜 대통령을 보살폈던 것이 순수한 인간애에서였는지 아니면 그 시절에도 박 대통령에게서 얻을 '고물'이 있어서였는지 매우 알고 싶다. 그리고 박 대통령이 청와대에 들어가서도 그들과 친밀한 관계를 유지하고 이런저런 임무를 맡긴 것이 그들의 보살핌에 대한 '보답'이었는지 아니면 그들에게 잡힌 약점 때문이었는지를 알고 싶다.

최순실 일가와 밀착 관계를 유지하여 국격을 추락시키고 국민을 모욕했다는 결과는 같지만, 전자라면 박 대통령이 조금 덜 미울 것 같아서이다. 지난 대선에서 박 대통령에게 투표한 국민의 상당수는 안보 불안 때문에 문재인이 아닌 박 후보를 찍을 수밖에 없었는데, 박 대통령의 국가 경영 능력에 대해서는 염려스러웠던 것이 사실이다. 그러나 박 대통령이 돈 문제에 대해서는 절대 청렴하다는 믿음과 국가를 위해서라면 기꺼이 목숨도 바칠 것이라는 확신, 그리고 혹독한 시련으로 다져진 삶이었기에 국가적 위기에 단호히 대처할 것이라는 기대는 있었다.

그간 박 대통령의 통치에 대한 불만과 실망이야 새삼 말해 무엇하겠는가. 그런데 국민과 불통했던 이유가 잡신들의 '계시'를 받드느라 그런 것이라니 국민의 분노와 허탈은 이루 말할 수 없다. 어리석은 선장이 멋대로 조종한 대한민국호는 격랑 속에서 풍비박산이 날 위기에 처해있다. 박근혜 선장은 변명하고 도망칠 궁리를 하지 말고 즉시 국민 앞에 참회하고 믿음직한 조타수를 세워야 한다. 나라와 국민을 수장水葬하고, 돌아간 부모님을 욕되게 하려는가. 2016/11/1

매의 눈을 가진
모나리자

「매의 눈」
이학성 詩

지난 여름, 우병우 전 청와대 민정수석에 관한 여러 가지 의혹이 불거지기 시작했을 때 우 수석은 TV 카메라에 잡힐 때마다 늘 봄날같이 부드러운 미소를 짓는 모습이 비쳤다. 그에 대해 제기된 혐의 내용과 모나리자 이상으로 온화한 그의 미소 사이의 괴리는 보는 사람을 어지럽게 했다. 그것은 뻔뻔스러움을 넘어서는, 자신이 불가침의 존재임을 확신하는 자의 표정이었다.

그런데 그제 검찰에 출두하면서 포토라인에 서서 처가의 재산에 관련된 질문을 하는 기자에게 던진 그의 눈길은 매鷹의 눈, 바로 그것이었다. 온 세상 사람을 약점 잡기 위해서만 바라보는 눈, 나를 거슬리는 인간은 매의 발톱과 부리로 결딴을 내고야 말겠다는 눈.

잘은 몰라도 우 수석의 경우가 바로 우리 사회가 그 루트를 반드시 열어놓아야 한다고 외치는 '개천에서 용 난' 케이스에 가깝다. 그는 초·중·고등학교를 최우등생으로 마치고 서울대 법대에 합격해서 약관 20세에 사법고시를 패스했으니 세상에서 자신을 능가할 사람은 없음을 '확신'하게 되었을 것이다. 그리고 자신의 몸값에 어울리는 혼처와 혼인을 했고 고속 승진을 하다가 청와대 비서실의 최고 요직인 민정수석비서관이 되어 여하한 비리 혐의가 제기되어도 대통령의 철통같은 비호를 받았으니 승천할 수순만 남겨놓은 처지가 아니었겠는가.

그러나 대통령이 국민의 지지를 잃으니—민심 이반에는 우 수석의 '기여'도 컸다— 대통령의 철통 비호가 무슨 보호막이 되겠는가. 그 자신의 봄날 같은 미소나 매의 눈 또한 누구의 마음을 누그러뜨리고 누구를 겁먹게 할 수 있겠는가. 이학성 시인은 시 「매의 눈」에서 이렇게 말한다.

언제부턴가 내 눈에 매가 들어와 있다 그것은 내 눈동자 속에서 사납게 이글거린다 하는 수 없이 난 매의 눈으로 세상을 쏘아본다 (…) 내 눈은 세상 구석구석을 매섭게 찌른다 차갑고 날카로운 매의 눈 (…)

그 매의 눈, 매의 권세가 그의 몰락과 불행의 단초가 될 수 있음을 깨닫는다면 머리 좋은 우 수석은 다른 사람이 될 수 있을까? 이학성 시인은 이렇게 끝맺는다.

난 언제까지 매의 눈으로 세상을 떠돌아야 하는가 (…) 언젠가 매는 허공으로 고요히 물러나겠지 난 그때가 오기를 기다리는 것이다. 우 수석의 눈에서 매의 눈까풀이 속히 걷히기를 바란다. 2016/11/8

우리가 연구해야 할
트럼프

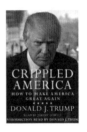

『불구가 된 미국』
도널드 트럼프

천방지축 플레이보이로 알았던 도널드 트럼프 미 대통령 당선인이 당선 소감 연설에서 상당히 대통령다운 풍모와 진실해 보이는 애국적 정열을 보여줘 놀라웠다. 그래서 그의 대선 공약집이라고 할 수 있는 책 『불구가 된 미국 Crippled America: How to Make America Great Again 』을 급히 읽어봤다.

대부분 정치인의 책은 대필하는 것으로 알고 있는데, 이 책에서는 트럼프의 육성이 들리는 듯했다(물론 그것이 대필자의 기술일 수도 있지만). 매우 단순하고 평이한 어휘로 명백한 미국의 쇠락 현상들과 그 원인을 지적하고 그에 대한 확신에 찬 처방을 직설적 어투로 서술해 놓았기 때문이다. 적절히 배합된 트럼프적인 야유와 탄식이 메시지 전달 효과를 크게 높인다.

내용은 대부분 이미 우리가 익히 알고 있는 것들이다. 불법 이민자 유입 차단, 해외로 나간 기업들의 회귀 유도, 무역 역조가 심한 중국산 제품에 높은 관세 부과, 미국이 군사력으로 보호하는 나라들에 비용 분담 요구 등이다. 이외에도 미국 교육의

질적 저하와 교원노조 문제, 위선적 환경론자들에 대한 반박, 오바마 정부의 이란 핵 협상이 지닌 문제점 등 미국 정치를 떠나서 읽고 생각해볼 만한 내용이 많다.

최고 부유층 고객을 상대로 초호화 주택, 호텔, 골프장, 리조트, 카지노 등을 지어 수십억 달러의 재산을 모은 사업가가 일자리를 잃어서 처량하고 막막한 서민의 곤경에 그토록 강한 연민과 분노를 느끼고 그들을 다시 당당한 시민으로 살게 해 주겠다는 확고한 의지와 방안을 가진 것이 경이롭다. 급조된 대선 전략이 아니고 그에게 오랜 숙제였고 이제 여생을 미국을 다시 위대한 나라로 만드는 데 바치겠다는 결의가 느껴진다.

미국이 그동안 국내외적으로 허약하고 갈팡질팡하는 모습을 보인 것은 사실이다. 그래서 강력한 보수주의로의 선회가 필요한 시점일 수도 있다. 그러나 자신만만한 아마추어의 초강경 정책은 어이없는 실패로 이어질 수 있고 애꿎은 희생양을 낳을 수 있다. 그래서 우리의 발등에 떨어진 불이 된 트럼프의 당선과 집권에 대비하기 위해서라도 우리 정치인들이 시급히 이 책을 읽어보기 바란다. 한국과의 동맹 관계 유지가 미국의 위대함에 기여한다는 것을 설득할 방법을 기필코 생각해내야 하지 않겠는가? 2016/11/15

여성 대통령의
사생활

『과객』
이문열

○리나라에 '사생활'이라는 단어가 유통되기 시작한 것이
1960~70년대였던 듯한데 처음에는 어쩐지 듣기 민망하
고 거북한 표현이었다. 그런데 차츰 한국인에게도 사적 영역이
확보되면서 점차 사용하기 편해졌다. 하지만 아직도 문맥에 따
라서는 무언가 은밀하고 수치스러운 연상을 야기한다.

이문열 단편 과객過客(1982)의 주인공은 어느 날 불쑥 나타나
서 자신을 '과객'이라며 하룻밤 신세를 지고 싶어 하는 낯선 이
에게 잠자리를 제공한다. 두 사람은 밤늦도록 대화를 나눈다.
과객이 떠난 후 그는 생각한다. '나는 왜 신원도 불확실한 사람
에게 그런 호의를 베풀었을까?' 그러다가 그것이 현대에 와서
갑자기 불가침의 영역이 된 사생활에 대한 반발심 때문이었음
을 깨닫는다.

지난주 대통령의 변호인으로 선임된 유영하 변호사가 국민
에게 "대통령도 여성으로서의 사생활이 있음을 존중해 달라"
고 호소한 것은 지독한 악수惡手였다. 박 대통령 자신이 "나는

나라와 결혼했다"고 공언했다고 해서 사생활을 가질 권리가 없는 것은 아니다. 하지만 박 대통령은 최순실을 비밀 책사로 삼아서 국정을 사유화해버렸다는 의심을 받고 있다. 그래서 그야말로 '사생활'의 영역으로 보호받아야 할 보톡스 주사나 태반 주사 같은 것도 극도의 반감과 역겨움을 불러일으키는 것이다. 모든 여성 정치인이 메르켈 총리처럼 수수하고 검박儉朴하기를 기대할 수는 없겠지만 여성 정치인은 국사보다 외모 관리에 더 관심이 많다는 의심을 받아서는 안 된다. 더구나 공식 의료진이 있는데 외부 병원에서 대리 처방을 받고 금지 약물의 반입 사용 혐의까지 받으니 국민이 불신하고 분노하는 것이다.

박 대통령은 이미 최순실을 위해서 각료와도 하지 않는 독대를 재벌 총수들과 하면서 구차스러운 방식으로 대통령의 품위와 나라의 국격을 추락시켰다. 최순실의 광고 회사는 물론 최씨의 딸 친구 아버지의 사업까지 직접 챙겨주었다는데 국민이 참고 이해해야 할 사생활이 얼마나 더 있는 것일까?

박 대통령은 자신이 온 국민과 나라를 시궁창에 처박았다고 느끼는 국민의 집단적 모멸감을 의식하지도 납득하지도 못하는 것 같다. 그래서 박 대통령은 구원받을 길이 없다. 그러나 나라는 구해야 하는데 연대책임감이라고는 털끝만큼도 없는 새누리당과 정권을 이미 거머쥔 것 같이 날뛰는 야 3당을 바라보며 국민의 시름과 절망은 깊어만 간다. 2016/11/22

'메리 크리스마스'를
외칠 권리?

『정치적으로 올바른 동화』
제임스 핀 가너

대선 유세 중 트럼프의 "메리 크리스마스를 마음껏 외칠 수 있게 해주겠다"는 약속은 그동안 공식 매체나 문서에서 크리스마스를 크리스마스라 부르지 못해 속앓이 해온 미국민들의 표심을 사로잡았다.

'정치적 올바름Political Correctness·이하 PC'의 신봉자들이 기독교도만의 국가 공휴일은 부적절하다며 '메리 크리스마스'를 쓰지 못하게 만들었던 것이다. PC 신봉자들은 모든 불이익 계층—여성, 장애인, 성적 소수자, 유색인종, 동물, 환경 등—의 보호 또는 권리를 부르짖으며 자기들에 동조하지 않는 부류를 제국주의자, 백인 우월주의자, 남성 우월주의자, 환경파괴범 등으로 몰아 공격한다. 그래서 반발도 많이 사지만 이민자 권리, 동물 보호, 환경보호, 성적 소수자 권익 보호 등에서 이룬 업적이 매우 크다.

모든 여성은 이들에게 부채가 있다. 법적인 평등은 여성 스스로 쟁취했지만 법이 못 미치는 영역에서 차별과 여성 비하적 언어가 사라진 데는 이들의 감시가 큰 역할을 했다. 작가 제임스 핀 가너는 『정치적으로 올바른 동화 Politically Correct Bedtime Stories』에 PC버전으로 다시 쓴 「신데렐라」를 제시했다. '신데렐라는 계모와 언니들이 궁전의 무도회에 간 후 풀죽어 있다가 남자 요정의 도움으로 화려한 드레스와 유리 구두로 단장하고 궁전에 간다. 신데렐라가 등장하자 여자들은 경탄하고 왕자를 비롯한 모든 남자가 신데렐라를 두고 격투를 벌인다. 그런데 밤 12시 종이 울리자 신데렐라의 파티복과 구두가 사라졌다. 신데렐라는 숨 막히는 드레스와 구두를 벗으니 무척 좋다며 맨발에 속옷 바람으로 춤을 춘다. 모든 여자가 다 함께 드레스와 구두를 벗어 던지고 춤추며 더 이상 남자들의 눈요깃감으로 살지 않기로 결의한다.' 예뻐야 사랑받고 행복할 수 있다고 가르치는 원본의 의미 있는 부정否定이다.

그러나 PC 신봉자들은 왕왕 정식 시민보다 불법 이민자의 권리를 옹호하고, 사람보다 동물이나 환경을 중시한다는 인상을 주어 반감과 저항을 일으킨다. 9·11테러 때 그 반인류적 만행을 규탄하기보다 그것은 미국이 이슬람교도와 국가들에 행한 불의의 응보應報라는 식으로 반응해서 많은 미국인의 분노를 샀다. 트럼프는 '미국 우선주의'를 표방하며 그 분노를 반영했다. 이번 미 대선으로 두 가치의 충돌 가능성은 그 어느 때보다 높아졌다. 2016/11/29

사귀고 싶은
역사의 인물들

『이승만의 삶과 꿈』
유영익

런던의 국립초상화박물관에는 영국을 몇 세기 사이에 유럽의 후진국에서 최강국으로 만든 기라성 같은 인물들의 초상화가 걸려 있다. 그러나 '위인 숭배'적인 엄숙한 분위기보다 인물마다 그의 행적과 함께 독특한 개성과 괴벽怪癖이 소개돼 있다. 그 다양한 인물들의 이상과 목표와 욕망과 아집이 투합하거나 충돌하면서 영국 역사라는 화려한 교향곡을 생성했다.

반면 우리나라 역사는 성군과 폭군, 충신과 간신의 투쟁사처럼 제시되어 인간적 친근감을 느끼기 어렵다. 그래서 역사가 암기 과목이 되어버렸다. 근자에 와서는 자라나는 세대에게 대한민국은 수립되지 말았어야 하는 나라, 모든 단계에서 잘못된 나라라는 인식을 심어주는 교과서가 전국 중고교에서 쓰이고 있는 것이 안타깝고 통탄스럽다.

이번에 국사편찬위원회가 국민의 의견을 수렴하기 위해 공개한 국정 역사 교과서와 기존 교과서들 간 비교 포인트를 대강 살펴보았다. 몇몇 포인트만 발췌한 텍스트여서 우리 역사가 다양한 요인의 상호작용으로 빚어진 흥미로운 흐름으로 제시되어 있는지는 판단하기 힘들었다. 그러나 현행 검인정 교과서들의 문제점인 대한민국 정통성의 노골적 또는 실질적 부인, 청소년의 마음에 조국에 대한 수치심과 혐오감을 심어 줄 왜곡과 편파성 등이 대체로 잘 시정되어 있다고 생각된다.

더 욕심을 낸다면 역사적 인물들에 대한 조명이 보강되었으면 하는 것이다. 책 속의 역사가 사건 기록지를 넘어 생동하는 역사가 되기 위해서는 역사를 만든 인물들을 생생하게 전달해 주어야 한다. 비록 우리나라가 개성을 억압하는 사회였지만 그럼에도 개성과 기개를 지닌 인물이 많았다.

송시열이 중병이 들었을 때 정적政敵 허목에게 약 처방을 부탁해서 그 처방대로 약을 지어 먹고 나은 이야기, 정약용이 남긴 불후의 저술들은 그가 겪은 억울한 귀양살이의 산물이라는 것, 그리고 이승만 대통령이 미국 유학길에 올라 단 5년 반 만에 조지워싱턴, 하버드, 프린스턴 대학에서 학사, 석사, 박사를 모두 받아 미국 학계를 놀라게 한 천재여서 해방 후 초대 대통령감 1순위로 인식되었던 일 등을 '인물 만나기 코너' 같은 곳에 소개한다면 어떨까. 그러면 역사 공부가 괴로운 암기 작업이 아니라 멋쟁이 친구들을 찾아 떠나는 행복한 오디세이가 될 수 있지 않을까. 2016/12/6

대통령의
참회를 넘어서

「리어 왕」
윌리엄 셰익스피어

두 늦은 깨달음에서 오는 통한痛恨의 가장 강력한 문학적
표현은 아마도 셰익스피어 비극「리어 왕King Lear」의 폭
풍우 속 울부짖음일 것이다. 세 딸의 속마음을 읽지 못하는 리
어 왕은 딸들에게 말로 자기들의 효심을 증언하라고 했다. 그는
입에 발린 말로 효도하기를 거부한 막내를 무일푼으로 내쫓고,
"부왕父王을 '목숨보다도' 사랑한다"는 두 딸에게 왕국을 양분
해 준다. 안락하고 풍족한 노후를 기대한 어리석은 노왕老王에
게 돌아온 것은 두 딸의 구박과 멸시뿐. 그 구박과 멸시보다 더
아픈 것은 순전히 자기의 어리석음으로 그 상황을 자초했다는
자책이다. 그 생각이 그를 황야로 내몬다. 너무 늦게 깨달았지만
그래도 그 깨달음이 그를 인간으로 거듭나게 했다.

지난 금요일 탄핵안 가결 후에 박근혜 대통령이 담화를 발
표했다. 나라를 거의 마비시킨 폭풍 정국을 몰고 온 것이 박 대
통령의 오만이었건 자신감 결여였건 사적인 은혜 갚기였건 모두
그 자신의 책임이다. 따라서 박 대통령은 뼈를 깎는 자책自責을

통해 거듭나야 한다. 그래야 인간으로 구원받을 수 있고 이 나라 안에서 숨 쉴 수 있다.

물론 박 대통령의 과오는 최순실의 실체를 몰랐던 것만이 아니다. 대통령 자리에 앉아 미용 주사 따위를 줄곧 맞고 매일 한 시간씩 머리를 다듬다니 얼마나 얼빠진 일이며, 세월호 침몰이란 국민적 비극이 일어났는데 강남에서 미용사를 불렀다는 소식도 참담하기 그지없다. 최고의 유능한 인재를 널리 구해 국정을 맡기지 않고 배신이 두렵다고 녹록한 인사들을 등용했다가 느닷없이 해임을 통고하는 행태를 반복했으니 누가 그의 울타리가 되어 주겠는가. 박 대통령도 이제 60대 중반이니 유아적 자기 연민을 버리고 자신의 모든 과오를 직시해야 한다. 그런 의미에서 박 대통령이 비선 참모의 도움 없이 준비한 담화문을 침착하게, 비장하게 읽는 모습에서 리어 왕의 참회와 새 희망의 징후를 읽고 싶은 마음이 간절했다.

박 대통령이 너무 밉고 그를 찍은 것이 비통하기까지 하지만 그땐 다른 선택의 여지가 없었다고 많은 유권자가 생각한다. 오늘엔 선택의 여지가 있는가? 탄핵 과정에서 야권 잠룡들의 약탈 본능만 여지없이 드러났을 뿐, 그중 누구에게서도 국가 경영 능력을 볼 수 없었다. 그들의 안보관마저 신뢰할 수 없으니 오호, 통재痛哉라! 2016/12/13

골리앗 의원들의 횡포

사무엘기 상
구약성경

" 동 의해, 지금도 총리는?" 지난달 10일 국회 대정부 질문에서 송영길 의원이 황교안 총리(현 대통령 권한대행)에게 던진 질문의 말투였다. 10분쯤 계속된 질의에서 그는 황 총리를 '총리'라고 지칭했다. "총리, 총리! 총리는…." "총리가 그런 것도…." "총리는 왜…." "총리는 즉각…." 그러면서 황 총리에게 "의원님 말씀을 경청해서 잘 알아봐서 처리하겠습니다"라고 답변해야 한다고 가르쳤다.

자기보다 6세 연상인 황 총리를 아랫사람 나무라듯 한 송 의원과 그런 모욕에 흔들리지 않고 차분히 답변한 황 총리의 태도는 극명한 대조를 이루었다. 다소 여려 보이는 황 총리와 '노가다형'인 송 의원의 인상 때문이었을까. 사무엘기 상The First Book of Samuel의 다윗과 골리앗이 생각났다.

"주님께서는 칼이나 창 따위를 쓰셔서 구원하시는 것이 아니라는 것을, 여기에 모인 온 무리가 알게 하겠다." 블레셋 장수인 거인 골리앗을 돌팔매 한 방으로 쓰러뜨리기에 앞서 소년 다

윗이 한 말이다. 요즘 국회의 풍경을 보면 마치 골리앗의 집합소 같아 보인다.

문재인 전 의원은 헌법재판소가 탄핵을 인용하지 않으면 혁명밖에 없다고 했다. 법으로 안되면 물리력을 쓰겠다는 얘기가 아닌가? 초법적인 발상이다. 한·미 간에 이미 합의된 사드 배치의 번복을 주장하고 집권하면 대북 친선을 최우선 과제로 삼겠다는 의도까지 피력했다. 당 대표를 맡은 이래 좌충우돌 말 폭탄을 쏟아내던 추미애 의원은 황 대통령 권한대행이 말을 듣지 않으면 권한대행의 자리에서 끌어내릴 수 있다고 암시했는데 이 또한 초법적인 발상이다. 더불어민주당의 이재정 비례대표 의원은 지난달, 국회의원은 언성을 높이고 힐난조로 질의할 수 있지만 총리는 국회의원이 추궁하는 내용에 대해 증거를 요구해서는 안되고 노려보는 태도로 답변해도 안된다면서 총리와 눈싸움 퍼포먼스를 벌였다.

법에 따른 탄핵 절차가 진행되는 지금 우리 국민이 간절히 원하는 것은 정국 안정이다. 야권은 헌재에서 결론이 나올 때까지 황 대행이 국정을 확고하게 관리할 수 있도록 힘을 실어주어야 한다. 그게 법이 정한 절차다. 법질서를 흔들어 나라를 위태롭게 하면 민심의 돌팔매가 이번엔 그들을 겨눌 것이다. 2016/12/20

♣ 이 칼럼에서 논의한 내용은 유튜브에 동영상으로 널리 유포되어 수많은 국민이 시청했는데, 송영길 의원실 측은 송 의원이 황교안 총리에게 "동의해?"등의 반말을 하지 않았으며 국회 속기록에 "동의해요"로 기록돼 있다고 조선일보에 정정보도를 요청했다. 국회 속기록에는 국회의원의 대정부질문을 전부 존댓말로 고쳐서 기록하기로 되어있는지 모르겠으나 국회의원이 자신의 뻔뻔한 말투를 더욱 뻔뻔하게 부정하니 일층 혐오스럽다.

선량選良들
몸값 좀 하세요

『엘리자베스 2세와 영국왕실』
벤 핌롯

영국의 엘리자베스 2세 여왕이 자신이 맡고 있던 200여 개의 자선 단체, 사회단체의 명예총재, 이사장직을 세손빈 등에게 넘기겠다고 발표했다. 여왕이 90세가 되기까지 그 많은 단체(원래 600여 개였다)를 격려하고 활동을 위한 모금 등을 해왔다는 것이 참으로 놀랍다.

2차 세계대전 중 10대 소녀 공주로 참전 병사들을 위한 왕실 모금 행사에서 인형극을 상재했을 때부터 오늘날까지 엘리자베스 여왕이 각종 대의大義를 위해 모금한 액수는 집계가 불가능하다. 여왕의 자녀와 친척들도 모두 당연한 의무로 사회봉사 활동을 한다. 그래서 영국민이 왕실을 유지하는 것은 '지극히 남는 장사'라는 계산이 나오는 것이다.

여왕의 역할이 어찌 봉사 활동뿐이겠는가. 여왕은 만방이 부러워하는 영국 외교의 비밀 병기다. 『엘리자베스 2세와 영국 왕실The Queen: Elizabeth II and the Monarchy』의 지지 핌롯은 프랑스의 드골 전 대통령이 여왕을 두고 "매사에 정통하고 사람과 상황에 대한 판단이 명확하고 사려 깊고, 우리 격랑의 시대의 문제에 대해서 참으로 깊이 생각하고 있다"며 감탄한 일화를 전한다.

여왕의 영향력은 정치에 대한 불간섭에 기반 한다. 지난 60년의 무수한 국가적 위기에서 군주로서 하고 싶은 말, 국민에게 호소하고 싶은 바가 헤아릴 수 없었겠지만 초인간적인 자제력을 견지했다. 그것이 그녀가 국민으로부터 신뢰받는 영국호號의 닻anchor이 될 수 있었던 비결이다. 단 한 번 예외가 있었다. 2014년 가을 스코틀랜드 분리독립 국민투표 직전, 여왕은 스코틀랜드에서 휴가 중 만난 시민의 질문에 "스코틀랜드 주민들이 미래에 대해 신중히 생각해 보고 투표하기 바란다"는 희망을 표시해서 통합 존속을 이끌어내는 데 중대한 역할을 했다.

최근 몇 번 생중계된 한국 국회의 국조특위와 대정부 질문을 보면 우리 국회의원들은 증인, 또는 참고인들의 인격을 모독하고 윽박지르면 자신이 위대해 보인다고 착각하는 듯하다. 그러나 그것은 국회와 나라의 품격을 훼손하는 일이다. "나라면 증인을 쥐어박고 싶겠다"라든가 "촛불에 타 죽고 싶으냐?"는 언사는 조폭이나 쓸 말이고, "증인, 나 밉지요?"는 성희롱의 요소가 다분하다. 나라에 '남는 장사'는 못해줄망정 몸값만이라도 하는 의원이 열 명만 있어도 이토록 암담하지 않겠는데…. 2016/12/27

집권만 하면
나라는 사라져도 되는가?

『미국이 없는 세계를 상상할 수 있는가?』
디네시 디수자

도 출신 미국 학자 디수자는 그의 저서 『미국이 없는 세계를 상상할 수 있는가?Amercia: Imagine the World Without Her』에서 미국이 자살을 향해 가고 있다고 단언했다. 미국 내 진보주의자들의 조국에 대한 적대 행위가 보수에 대한 '균형 잡기'를 훌쩍 넘어 미국을 멸망으로 몰아가고 있다는 것이다. 미국은 지난 반세기 동안 1776년 독립선언서에 건국자들Founding Fathers이 천명한 자유·평등의 이상과 1968년 반체제 운동가들이 주도한 기득권층에 대한 혐오와 국가권력에 대한 모독 행위가 격돌해 왔다. 디수자는 1968년 세력이 미국을 장악해서 이대로라면 미국은 파탄에 이를 것이라고 예언한다.

디수자는 이 책에서 미국을 파괴하는 자칭 진보주의자들의 억지 주장과 행동들, 그리고 그들에게 휘둘리는 정치인·지식인들의 행태를 면밀하고 생생하게 파헤쳤다. 자유주의자들의 과오도 짚었지만 아무래도 그가 혐오하는 진보주의자들의 억지와 자기모순을 더 강조했다. 이 책을 읽으며 늘 가져왔던 미국의 장래에 대한 염려가 깊어졌다. 미국이 헤게모니를 상실한다면 세계는 지금보다 훨씬 어둡고 살벌한 곳이 되고 약소국들은 생존조차 아슬아슬해질 것이다.

트럼프의 당선은 미국을 진보주의자들로부터 지키려는 보수 세력이 내민 회심의 카드라고 볼 수 있다. 하지만 트럼프가 미국의 '재건'에 성공할지는 미지수이다. 어쨌든 트럼프의 미국은 우선 자국을 추스르기 위해 주변국과 약소국에 베풀던 '선심'을 대폭 축소할 게 분명하다. 미국 시사지 「포린 폴리시」는 최근 호에서 문재인이나 이재명이 한국 대통령에 당선되면 트럼프가 주한미군을 철수할 수 있다고 했다. 사실 그 정도는 FP에 기고하는 외교 전문가가 아니라도 충분히 짐작할 수 있는 일이다. 트럼프는 정치지도자가 공공연히 반미 감정을 드러내는 나라를 보호하지 않을 것이다. 미국민과의 약속 때문에라도 그럴 수밖에 없다.

현 상황에서 우리가 독자적으로 북핵으로부터 자신을 지킬 수 있는 방안은 없다. 그러니 한·미 동맹을 지속할 고도의 외교 전략을 짜야 하겠는데, 우리 대권 주자들은 절벽에 선 우리 안보에 무관심하거나 오히려 벼랑으로 더 떠밀어내려는 것 같다. 민심을 선동해 대권을 잡아도 나라가 무너지면 승리의 개가凱歌가 다 무슨 소용인가? 2017/1/3

금수저들이
왜?

『마지막 황제』
에드워드 베어

청나라 마지막 황제 푸이溥儀는 세 살 때 제위에 올랐고 다섯 살에 나라가 망했다. 혁명정부 시책에 따라 명목상의 황제 노릇을 했는데 날마다 환관 수십 명을 매질하거나 더러운 것을 먹게 하는 등 가혹 행위를 했다. 영화 「마지막 황제The Last Emperor」의 원전인 동명의 전기에서 작가 에드워드 베어는 "어린 푸이의 발작적인 잔학 행위는 그가 프라이버시를 전혀 갖지 못한 데 대한 일종의 초조감인지 모른다"고 분석했다.

어린 푸이는 또래의 어린이라고는 본 적이 없고, 단 한 사람 의지했던 유모마저 쫓겨난 후에 항상 자신을 지켜보는 수십, 수백 명의 어른 속에서 살았다. 그러니 얼마나 허전하고 두려웠겠는가? 그래서 자기가 두려운 존재임을 스스로 확인함으로써 내면의 공포심을 달래려 한 것 아닐까? 사실 모든 특권은 정도의 차이가 있을 뿐, 독약이며 족쇄이다.

요즘 몇몇 '금수저'의 횡포가 가뜩이나 어지러운 나라를 더욱 심란하게 만들고 있다. 두정물산 2세의 대한항공 기내 난동과 동국제강 2세의 술집 난동 등은 그냥 술 취한 사람의 행패로 보기 어렵다. 그들은 자기 부모들의 막대한 재력으로도 수습할 수 없는 일이 있음을 증명하고 싶었던 걸까? 국민 건강과 우리 사회의 건강을 위해서 우리는 특권층 자제들을 이처럼 광폭하게 만드는 요인이 무엇인지 연구해볼 필요가 있다. 우리 사회는 지금 청년 실업이 크나큰 문제인데 놋수저, 흙수저들이 박탈감에 빠져들고 금수저들은 또 그들대로 광폭한 반사회성을 띤다면 나라가 깨어지지 않겠는가.

한화 김승연 회장의 셋째 아들 비행非行 역시 경악을 자아낸다. 아버지 김 회장은 아들이 술 먹다 벌어진 싸움에서 맞았다고 폭력배까지 동원해 몸소 복수했다. 김 회장이 그로 인해 받은 사회적 지탄과는 별개로 어쨌거나 김 회장의 부성애만큼은 대단했을 터이다. 그런데 그런 사랑을 받으면 세상에 부러울 것이 없을 만도 하건만, 무슨 분노가 그를 그리도 난폭하게 만들었을까.

'돈도 실력'이라는 철딱서니 없는 말로 온 국민의 복장을 질렀던 정유라는 이제 기댈 실력이 전무한 영원한 중졸이 되었다. 어머니의 '실력' 올가미에 딸이 걸려, 온 국민에게 중죄인 취급을 받으니 그녀의 젊음이 가련하다. 이 금수저들의 병은 부모의 돈에서 해방되어 자신의 피와 땀으로 살게 되면 치유될 것 같은데…. 2017/1/10

이제 시작이지요,
문 전 대표님

『운명』
문재인

재인 전 더불어민주당 대표가 자신은 대선 후보로서의 검증이 끝났다고 했다는 말을 듣고 떠오른 생각은 '천만에요, 이제 시작인데요'였다. 4년 전과 지금은 나라 상황도, 문 대표 자신도 많이 달라졌으니 당연히 새로운 검증이 필요하다. 4년 전 대선 이후 지금까지 그가 한 말과 행동을 다시 검증대에 올려야 한다.

지난 대선에서 문재인 후보를 찍지 않은 52%의 유권자 중 다수는 박근혜 후보가 그보다 매력적이거나 더 유능하다고 판단해서 박 후보를 찍은 것이 아니었다. 문재인에게 표를 주었다간 나라가 위태로울 수 있다는 두려움 때문에 어쩔 수 없는 선택을 했다.

문 전 대표의 지난 4년간 행보는 국민의 '안보 불안'을 잠재우지 못했다. 그가 이번 탄핵 사태에 즈음해서 한 제왕적, 초법적 발언들에 대해 설명을 듣고 싶어 하는 유권자도 많다. 북한 핵이 완성 단계에 이르렀는데도 사드 배치를 유보하자는 제안

역시 굳건한 한·미 동맹을 국가 존립의 토대라 믿는 많은 국민을 불안케 했다.

문 전 대표는 그의 저서 『운명』에서 노무현 대통령 취임 초의 한·미 정상회담을 참여정부의 빛나는 성공 사례로 들고 있다. 정상회담을 결산하는 한·미 공동성명 문안에 북한 핵에 대한 '평화적 해결'을 천명함으로써 (해외 자본이 안심하고 국내에 머무를 수 있게 해서) 경제를 살렸다는 것이다. 그렇다면 그는 한층 더 급박해진 오늘의 안보 상황에서도 '대화를 통한 평화적 해결'이 가능하다고 생각하는지, 평화적 해결을 선언하면 나라의 신용도도 올라가고 경제가 살아날 것으로 생각하는지, 밝혀야 할 것이다.

그 밖에도 그가 풀어주어야 할 국민적 의문은 많다. 그는 김정은을 최우선적으로 만나면 무엇을 요구하고 어디까지 양보할 심산인지, 탈북민들과 심도 있는 대화를 나눠보고 그들을 통해 터득한 통일관이 있는지, 18세의 청소년들과 얼마나 접촉하고 그들의 유권자로서의 자격을 판단했는지, 그 외에 무수한 외교, 경제, 사회, 문화 현안에 대한 견해를 밝혀야 한다.

그리고 그는 이제, 촛불집회에 가서 '이제는 여러분의 의사가 충분히 표출되었으니 각자 삶터로 돌아가 나라가 평상을 회복하도록 도와 달라'고 호소할 의향이 있는가? 2017/1/17

트럼프의
초라한 취임사

미국 민주주의의 기본 문서
멜빈 우로프스키 편저

"　나의 동료 시민이여, 그대들은 각자의 어깨에, 미국을 위해 선한 투쟁을 할 뿐 아니라 전 인류를 위해 미국이 훌륭한 역할을 하는 것을 확인할 부채를 지고 있습니다." 대표적 '미국 우선주의자'였지만 퇴임 후 전국 순회 연설에서 미국의 인류사적 사명을 강조한 미국 26대 대통령(재임 1901~1909) 시어도어 루스벨트의 연설문 「새로운 민족주의The New Nationalism」의 서두다.

세계 모든 나라는 기원이 자연 발생적이지만 미국만은 자유와 인권이라는 열렬한 이상, 그리고 그 이상을 웅변으로 표현한 수많은 연설의 힘으로 탄생했다. 우로프스키가 엮은 『미국 민주주의의 기본 문서Basic Readings in US Democracy』는 미국의 이상과 사명을 천명한 역대 미국 지도자들의 감동적 연설문을 수록했다.

지난 10일 시카고에서 한 오바마 전 대통령의 고별 연설 역시 이 전통에 충실했다. 미국이라는 나라의 특별한 이상과 목표를 실현하고자 오바마 자신과 그의 행정부가 기울인 노력과 성과를 자랑하며 그 미국 전통 계승에 장애가 될 수 있는 요소에 대해 경고했다. "우리가 지지하는 가치를 포기하고 이 나라를 그저 작은 나라를 겁주는 또 하나의 큰 나라로 만들지 않는 한 아무도 미국을 패배시킬 수 없습니다." 이는 명백히 트럼프와 그 지지자들을 향한 경고이다. 그러나 그 자체로서 위대한 신념의 표명이기도 하다.

트럼프가 취임 연설을 직접 썼다고 해서, 막중한 책임감 앞에서 겸허해진 모습을 볼 수 있으려나 했지만 두 달 전의 당선 수락 연설보다 훨씬 못했다. 연방정부가 미국인의 권리를 빼앗고 미국민을 가난하게 만들었다는 식의 서두는 하객으로 참석한 전직 대통령 4명에게 심한 모욕이었고, 남의 나라를 방어하는 데 써온 막대한 재정을 미국 재건에 쓰겠다는 약속 역시 전 세계에 방영될 연설로는 부적절했다. 그리고 트럼프가 미국민을 위해 창조하겠다는 수많은 일자리는 주로 제조업의 생산직 같아서 4차 산업혁명이 본격적으로 진행되면 무더기로 사라지지 않을까 걱정스럽기도 하다.

트럼프의 연설 내용과 두 달 사이에 더욱 강고해진 그의 표정이 트럼프 시대가 세계의 수난기일 뿐 아니라 미국의 시련기일 것을 예고하는 듯하다. 2017/1/24

블랙리스트의
슬픈 기억

「없어서는 안 되는 반론」
월터 리프먼

두 번이나 퓰리처상을 받았고 '현대 저널리즘의 아버지'로 불렸던 월터 리프먼은 1939년에 어틀랜틱지誌에 기고한 「없어서는 안 되는 반론The Indispensable Opposition」에서 "검열은 악惡이지만 영화처럼 반론이 동시에 제기될 수 없는 매체에는 검열이 정당할 수 있다"고 말했다. 사실 영화는 관객의 감성을 사로잡기 때문에 그 영향력은 논리적 설득보다 비할 수 없이 강력하다.

우리나라 영화의 메카 충무로가 좌파의 본산이 된 경위는 모르겠으나 지난 10년간 '대박'을 터뜨린 영화 중 「화려한 휴가」, 「내부자들」, 「베테랑」 등 다수는 대한민국을 악의 세력이 지배하는 나라, 뒤집어엎어야 할 나라라는 메시지를 담고 있다. 참으로 애석한 일이다.

그런데 최순실 게이트가 터진 후 CJ엔터테인먼트의 이미경 대표가 사임을 강요당했다는 말을 들었다. 나도 CJ엔터테인먼트가 심한 좌편향 영화를 제작 지원하는 것에 분노하지만 박근혜 대통령이 이 대표를 불러서 그의 업체가 제작하는 영화가 국민의 국가관에 끼치는 영향에 대해 차분하고 진지하게 의논했다면 좋은 해결책이 나오지 않았을까 싶어 무척 안타까웠다.

이번에 표창원 더불어민주당 의원이 주관해서 국회에 전시한 입에 담기도 싫은 박 대통령 패러디 그림은 블랙리스트가 왜 작성되는가를 잘 설명해 준다. 그런 그림을 그리는 화가에게 국민 세금을 지원해서는 안 된다는 데 이의를 달 사람이 있는가? 블랙리스트는 보수 정권만 만드는 것이 아니고 정부만 만드는 것도 아니다. 노무현 정부 때는 화이트리스트에 오른 좌파 성향 예술가들을 무조건 지원하도록 했다고 들었다. 2007년에 문화예술위원장 공채 심사에서 (후에 통진당에 입당한) 한 인사는 1·2등보다 평점이 훨씬 낮은 3위 후보였지만 노무현 대통령의 의지에 따라 임명됐다. 어느 '진보' 성향 매체가 독자들의 아우성 때문에 한 '보수' 성향 필자를 도중하차시킨 사례도 있었다.

블랙리스트는 이제 사라져야 한다. 그러나 블랙리스트에 대한 추궁이 시작됐을 때, 김기춘 전 청와대 비서실장이 부인할 게 아니라 "우리나라 문학, 미술, 공연 예술이 대한민국의 정당성을 부정하는 경우가 많아서 예술가들 성향을 분류해보라고 자신이 지시했다"고 증언했다면 소위 블랙리스트가 흉악한 독재의 도구였다는 인식은 막을 수 있지 않았을까. 2017/1/31

꿈에 볼까 무서운
용龍

『중국이 세상을 지배하는 그날』
피터 나바로

중국 말고 세상의 어느 나라가 땅에 떨어뜨리면 탁구공처럼 튀어 오르는 가짜 달걀, 플라스틱으로 만든 쌀, 멜라민 분유, 자동차 배기가스로 말린 차茶, 부동액을 넣은 진해거담제, 비소 성분 살충제를 뿌려서 키운 사과에서 추출한 애플사이다, 스테로이드가 든 페니실린, 인산燐酸이 스며 나와 앉은 사람의 살을 태우는 가죽 소파, 사람의 호흡기를 망가뜨리고 애완동물을 죽일 뿐 아니라 배관을 부식시키고 가전제품의 작동을 방해하는 석고보드, 그리고 시궁창 같은 양식장에서 키운 생선을 세계시장에 내놓을까?

트럼프 행정부에서 국가무역위원회를 담당할 피터 나바로의 저서 『중국이 세상을 지배하는 그날Death by China』은 중국이 수출기업에 면세 혜택 등을 주어 세계에 싼값으로 공급하는 치명적인 상품들을 무수히 열거한다. 대강 알고 있었으나 새삼 경악하지 않을 수 없다.

중국에 잠시라도 체류해 보면 중국이 얼마나 권력의 횡포와 부패가 심하고 국민은 인권과 주권의식이 약하고 사회 전반에 부조리가 만연해 있는가를 체감할 수 있다. 국가와 국민이 한마음으로 경제도약에 매진하고 있지만 국가는 목표 달성을 위해 국민을 얼마든지 제물로 삼는다. 자국민의 권리와 안전에 무관심한 중국 정부가 이웃 나라 국민의 안전을 중히 여길 리가 없다. 게다가 이제 경제 대국이 되었다고 주변국들을 깔보고 협박까지 한다.

사드는 북한 핵무기가 완성단계에 있는 상황에서 한국민의 생존권 방어를 위한 장치인데 중국은 우리나라의 사드 배치를 반대도 아니고 '금지'한다. 사드 배치로 인해 중국이 어떤 피해를 보기 때문이 아니고 단순히 심기에 거슬리기 때문에 한국민이 전멸한다 해도 허용할 수 없다는 자세다. 한 관영 매체는 사드 관련 기사의 제목에 '한국의 목을 쳐서 미국을 겁줄 것'이라고 시사했다.

그런데도 우리나라의 대권 주자들은 사드 배치를 반대한다느니 연기해야 한다느니 재고하겠다느니 하고, 정치권 인사들은 스스로 격을 낮추어 중국이 보낸 부국장급 관리와 면담하고 중국까지 달려가서 '설명'을 듣고 오는 등 중국 비위 맞추기에 급급하다. 병자호란 때 나라가 망할지언정 명나라의 은혜를 배반할 수 없다고 한 척화파의 후예들인가? 시진핑의 비웃음이 눈에 보이는 듯하다. 2017/2/7

가부장의
권리?

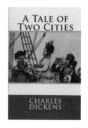

『두 도시 이야기』
찰스 디킨스

이번에 더불어민주당 문재인 전 대표의 고문으로 위촉됐다가 스스로 사퇴한 전인범 전 특전사령관의 발언은 놀랍기 그지없다. 그는 아내인 성신여대 심화진 총장의 교비 횡령 혐의에 대해, 그런 비리를 저질렀다면 자기가 권총으로 쏴 죽였을 것이라는 말로 심 총장의 무죄를 주장했다. 진정한 군인인 자기가 아내를 살려둔 것은 아내가 결백하기 때문이라는 의미일 것이다. 계백 장군 흉내 내기라면 매우 어쭙잖다.

그는 계백 장군처럼 초법적으로 가장의 생살여탈권을 행사하는 것이 군인다운 일이라고 생각하는 걸까? 그러나 계백 장군이 황산벌 전투에 임하기 전에 가족을 죽인 것은 가장으로서 생살여탈권을 행사한 것이 아니고 백제의 멸망이 확실한 상황에서 패장의 가족이 적들에게 당할 치욕을 막으려는 비장한 결단이었다.

공화정 시대 로마를 비롯한 수많은 전근대 국가와 사회가 가장에게 가족 생살여탈권을 부여했다. 가장에게 그토록 강력한 지배·통솔권이 있다면 책임도 그만큼 중해야 할 텐데, 놀랍게도 가족의 죄에 대해서 가장이 대신 벌 받도록 한 사회는 별로 없었던 것 같다. 그러니까 가장은 권리만, 가족은 의무만 지녔던 것이다.

서양은 기독교화하면서 성모 마리아에 대한 숭배와 함께 여성의 지위가 크게 향상됐다. 그래서 중세 서양 문명의 꽃이었던 '기사도' 하면 제일 먼저 떠오르는 것이 여성에 대한 공경 계율이다. 어렸을 때 서양 영화를 보면 아내에게 딴 애인이 생기면 서양 '신사'들이 아내를 닦달하거나 괴롭히지 않고 은밀히 상대편 남자를 죽이는 것이 너무 놀라웠다. 우리나라 남자들이 근거 없는 의처증으로 아내를 들볶고 학대하는 것과 완전히 대조적이었다. 물론 지금 생각하면 그 영화 속 서양 남자들의 행동이 전형적인 것도 바람직한 것도 아니지만, 우리에게 서양에 대한 환상을 심어주기에 충분했다.

사랑의 진수는 어떤 것일까? 영국의 문호 디킨스가 프랑스대혁명을 배경으로 쓴 소설 『두 도시 이야기 A Tale of Two Cities 』에는 시드니 카튼이라는 냉소적 알코올중독자가, 루시라는 여성을 사랑하게 된 뒤 그녀의 행복을 위해 그녀의 남편 대신 단두대에 오른다. 좀 비현실적인 듯하지만 런던의 지가紙價를 올렸던 작품이다. 전인범 전 사령관에게 아내 대신 형을 살 수 있겠는가 묻고 싶다. 2017/2/14

왕족으로
태어난 재앙

『칼렙 윌리엄스』
윌리엄 거드윈

주 강秋江에 밤이 드니 물결이 차노매라/ 낚시 드리우니 고기 아니
무노매라/ 무심한 달빛만 싣고 빈 배 저어 오노매라.

장자 계승법에 따른다면 조선조 9대 왕이 돼야 했지만 권신
한명회의 사위였던 동생(성종)에게 밀려서 일생을 음풍농월하며
살아야 했던 월산대군의 시조다. 왕위에 오르지 못했을 뿐 아니
라 행여나 왕좌를 넘본다는 의심을 받지 않기 위해 낚시나 다니
면서 세월을 죽일 수밖에 없었던 그의 처량한 신세가 가슴 아
리도록 선명히 드러난다.

동서고금의 무수히 많은 왕자가 단지 왕위 계승권을 주장할
수 있다는 이유만으로 갖가지 모함을 받고 비참한 죽임을 당했
다. 자신은 왕좌에 대한 욕심이 없더라도 '예방'적으로 제거되거
나 그를 옹위해서 보위에 올리고 권력을 잡으려는 신하들의 유
혹과 모의의 희생양이 됐다. 중국 삼국시대 위왕魏王 조조가 죽
은 뒤 등극한 아들 조비는 영특한 동생 조식을 제거하려 했다.
조식은 칠보시七步詩로 목숨을 부지했지만 형의 견제로 인한 스

트레스 때문에 결국 일찍 죽었다.

46세에 생을 마감한 김정남은 후계자 자리에서 밀려난 시점부터 죽음의 공포에 시달리지 않은 날이 없었을 것이다. 18세기 말 영국의 '원조' 급진사상가였던 윌리엄 거드윈의 소설 『칼렙 윌리엄스Caleb Williams』에는 증오의 표적이 돼 쫓기는 자의 공포와 고난이 너무나 생생히 그려져 있다. 지방 귀족인 포크런드는 비서인 칼렙이 자기 고뇌의 이유를 눈치챈 듯하자 살인 전력을 고백한다. 그러고는 자기의 비밀을 알게 된 칼렙을 죽도록 증오하게 된다. 칼렙을 죽이겠다고 위협하고 무고해 감옥에 보내고 석방된 후에는 가는 곳마다 미행해 어디서도 뿌리를 내려 살 수 없게 한다. 이제는 김정남의 남은 가족들마저 공포의 세월을 살아야 할 테니 참으로 애처롭다.

그 잔혹, 담대함과 수법 및 도구로 볼 때, 김정은이 저지른 게 뻔한 형제 살인을 두고도 박근혜 대통령이 탄핵 위기를 모면하려고 벌인 짓이라고 음모론을 퍼뜨리는 세력이 있다. 이번만 그런 게 아니다. 이들은 북이 테러를 저지를 때마다 '남한 음모론'을 폈다. 아웅산 테러, KAL 858기 폭파, 천안함 폭침까지 모조리 대한민국의 자작극이라고 주장했다. 북한이었다면 누군지 밝혀내 고사포로 처형했을 인간들이다. 2017/2/21

악마의
면죄부

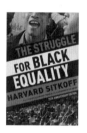

『흑인 평등을 위한 투쟁』
하버드 스티코프

정세현 전 통일부 장관의, 김정남 암살 사건은 놀랄 일도
아니고 비난할 일도 아닌, 당연하고 납득할 만한 일이라
는 식의 논평은 끔찍했다. 발언 내용도 끔찍했지만 그 말을 하
는, 쓸데없이 호들갑들 떨지 마라, 하는 듯한 그의 표정과 어조
는 도저히 납득할 수 없었다. 정 전 장관은 또 형제 살인은 인권
문제와 상관없다고도 했다.

통일부 장관은 대한민국이 지향하는 가치인 인권과 자유민
주주의를 누구보다도 신봉하는 사람이어야 한다. 직책상 북한
을 주권국가로 인정한다 하더라도 북한의 실상과 속성을 속속
들이 파악하고 가급적 북한이 인도적으로 변화하도록 유도해
야 하는 자리 아닌가?

정세현 전 장관의 시각이 합리적이고 상식적인 것으로 받아
들여진다면 세상은 피바람 잘 날이 없고 암살은 그저 하나의 살
인 사건으로 간주되어야 할 것이다. 그러나 정치적 암살은 인류
가 가장 혐오하는 범죄 중 하나이고 암살의 파장은 그것을 기획

한 측에 재앙이기 십상이었다.

　필리핀의 악랄한 20년 독재자 마르코스는 1983년 오랜 유배 생활 끝에 자기를 만나 담판하려고 귀국하는 정적 베니뇨 아키노 상원의원을 공항에서 살해토록 한다. 당시 필리핀 국민은 마르코스의 철권독재에 숨죽이고 살았으나 200만 명 넘는 애도 인파가 '니노이'라는 애칭으로 불린 그들의 총아 아키노의 장례 행렬을 따랐고, 3년 후 그의 아내 코라손 아키노가 대선에서 마르코스의 23년 철옹성을 무너뜨렸다.

　마틴 루터 킹 목사가 없는 20세기 미국은 상상하기 어렵다. 흑인 민권운동사가史家 스티코프는 『흑인 평등을 위한 투쟁The Struggle for Black Equality』에서 영광스러웠지만 고난과 시련의 연속이었던 킹 목사의 민권운동 지도자로서의 13년을 추적했다. 킹 목사는 비폭력적 항거와 인종을 초월한 형제애를 강조했지만 39세의 한창나이에 암살됐다. 그의 죽음으로 흑인 민권운동이 주저앉는 듯했지만 아니었다. 그의 생애와 유산은 모든 흑인의 등대가 됐고 흑인이 투표권을 행사하지 못하는 일은 없게 됐다. 또한 인종 분리의 족쇄를 끊고 동등한 교육과 취업의 기회를 쟁취하도록 이끌었다. 신분 상승과 공직 진출의 물꼬를 열었다는 평가도 받는다. 그가 없었다면 흑인 대통령 오바마의 출현이 가능했을까?

　김정남 암살은 김정은의 최후를 성큼 앞당길 것이다. 2017/2/28

내년 봄 서울 하늘엔
어떤 깃발이?

『꽃제비의 소원』
백이무 시집

오랜만에 만난 한 지인이 "내년 이맘때 서울 하늘에 인공기가 날릴까 봐 걱정"이라고 하기에 "1년은 여유가 있을까요?"라고 되물었다.

다른 지인은 필자에게 광화문 광장에 촛불 세력이 이순신 장군 동상 바로 아래 세워놓은, 온몸이 밧줄에 칭칭 감기고 목에 초대형 주삿바늘이 꽂혀 있는 박근혜 대통령의 허수아비 사진을 카톡으로 보내면서 "장군님은 언제 칼을 빼서 이런 무리를 치실 생각인지?"라는 탄식을 적어 보냈다.

필자는 오래전부터 우리나라에 입으로는 사회정의를 부르짖지만 은밀한 목표는 대한민국의 타도인 세력이 존재한다고 생각해왔다. 해체된 통진당을 비롯한 급진 좌파 세력이 그들이다. 효순·미선 사건, 광우병 사태 등 촛불이 켜질 때마다 핵심에 늘 있었던 그들은 이번에도 박근혜 대통령 개인을 규탄하는 것이 아니라 대한민국 대통령을 저주한다. 그들은 탄핵과는 아무 상관도 없는 사드 도입을 온갖 요설로 막으려 한다. 어린이, 청소년들로 하여금 이 나라를 부정하고 부모 세대를 혐오하도록 선동한다. 하지만 대한민국이 무너져 북한에 먹히면 그들에게 당장은 대박일지 몰라도 얼마 안 가 그들 자신에게 재앙이 덮칠 것이다. 6·25 이후 북에서 숙청당한 박헌영과 남로당의 선례가 있다. 조선시대 사악한 신분제도에 뿌리박은 원한과 증오가 우리 사회를 이렇게 분열시키고 있다고 체념해 보기도 한다. 그러나 아무리 그래도 온 국민이 지난 70년간 불철주야 노력해서 이룬 민주와 번영을 포기하고 잔인무도한 김정은의 노예가 되는 것이 정의인가?

탈북 시인 백이무의 북한의 실상을 고발하는 시집 『꽃제비의 소원』에 수록된 「풍년」이라는 시는 산에도, 들에도, 밭에도, 길에도, 집에도 굶어 죽은 시체가 넘쳐나서 독수리, 까마귀/ 이 나라 날짐승은 물론/ 산짐승 들짐승들/ 너도나도 고기풍년이 들었다고 좋아 날뛰며 잔치를 벌이는 북한을 통곡한다. 대한민국이 망하면 북한의 인간 백정들이 좋아 날뛰며 인육의 잔치를 벌일 것이고 북한 방송의 앵커들은 터질 듯한 감격을 가장하며 "남조선의 혁명열사들이 오매불망 사모하던 수령님께 남한을 예물로 바치었습니다"를 읊조릴 것이다.

두렵고 두려운 헌재의 탄핵 심판 선고일이 다가왔다. 어떤 결정이 나든 온 국민이 침착하게 수용하고 힘을 모아 나라를 수습하기를 간절히 기도한다. 2017/3/7

돌부처의 심성을
회복하자

『박수근 탄생 100주년 기념 도록』
가나화랑

오래전부터 가보고 싶었던 강원도 양구의 박수근미술관을 드디어 방문했다.

박수근(1914~1965) 화백은 가정 형편상 초등학교 교육밖에 받지 못했다. 12세 때 처음 접한 밀레를 흠모했던 박 화백도 궁핍한 삶의 무게를 말없이 감내하는 순박한 사람들을 그렸다. 노인과 아낙네, 행상인, 어린이가 그의 주요 인물이다. 부인 김복순 여사를 빨래터에서 만났기에 「빨래터」 그림도 여섯 점이나 되는데 작품 속 여인들은 무성無性적인 듯하면서도 무한한 포용과 인내로 생명을 배양하는 모성의 표상이다.

미술 평론가 윤범모 가천대 교수는 무채색의 화강암 표면 같은 박 화백 회화의 독특한 선과 질감은 그가 독자적으로 개발한 것으로 "캔버스에 가로 세로로 번갈아가며 10회 이상 유화물감을 칠해서 물감이 마르면 요철의 커다란 덩어리는 걷어내고 그 위에 선묘線描의 직선으로 대상을 묘사해서(…) 마애불 효과"를 창출한 것이라고 설명했다.

박 화백은 오늘날 한국 미술 시장에서 단연 최고가에 거래되는 '국민 화가'이지만 생전에는 끼니를 대기도 어려워 가족이 굶는 것을 지켜봐야 했을 때도 있었고, 중학생 아들이 크리스마스카드를 그려 팔아서 동네 외상값을 갚기도 했다.

그의 작품이 유통되는 거의 유일한 경로는 반도화랑이었다. 그곳에서 1960년대에 근무했던 '미스 박'(박명자 전 화랑협회 회장)에게 박 화백은 그녀가 결혼하면 그림을 하나 그려주겠다고 약속했다고 한다. 그러나 박 화백이 51세에 타계하고 이듬해 그녀가 결혼하자 김복순 여사가 유작 중에서 「굴비」라는 작품을 선물해 남편의 약속을 지켰다고 한다.

후에 현대화랑을 열면서 우리나라 미술 시장의 실력자가 된 박명자 회장은 박수근미술관이 개관할 때 작품 「굴비」를 비롯해 김환기, 장욱진, 천경자, 이응노, 박고석, 이대원, 최영림 등 거장들의 그림도 함께 기증했다. 오병이어五餠二魚의 기적을 연상케 하는 미담이다.

박 화백은 화가는 "가난한 사람들의 어진 마음을 그려야 한다"고 말했다고 한다. 우리는 궁핍하던 1950~1960년대에는 돌부처의 어진 마음을 지녔었는데 지금은 질시와 증오로 만신창이가 되었다. 우리 모두 그 시절의 마음으로 돌아갈 수는 없는 걸까? 2017/3/14

구관이
명관?

『징비록』
류성룡

우리 의식 속의 미국은 어느 날 갑자기 100% 변모했다. 미국은 6·25 동란 때 피 흘려 싸워서 한국을 멸망의 위기로부터 구해주고 막대한 원조로 붙들어 세워준 나라, 국산 새 제품보다 훨씬 예쁘고 따듯한 옷을 구호품으로 보내주는 나라였다. 그러다가 어느 틈엔지 음흉한 제국주의자, 우리나라를 악랄하게 종속화해 산송장을 만들고 말 나라로 바뀌었다.

그 후 미국은 한국에 한없이 얻어맞는 신세가 되었다. 그리고 놀랍게도 미국은 맞기만 했다. 학생들이 자기네 문화원에 불을 지르고, 비록 불행한 사고지만 본질은 과실치사인 효순·미선이 사건을 두고 마치 모든 한국인에게 확대될 기획 살인이기라도 한 듯 저주를 퍼부어도, 미국이 광우병 소고기를 팔아 우리 국민을 다 죽이려 한다며 몇 달이나 증오의 굿판을 벌여도, 길가는 미국인에게 침을 뱉고 성조기를 짓밟고 태워도, 맞기만 했다. 미 정부 차원의 항의도, 시위 주동자를 처벌하라는 요구도 없었다. 우리 역시 미국은 대국이니 어떤 비방과 저주, 심지어 자국 대사에 대한 신체적 공격마저 인내하고 관용해야 하는 것으로 여겼다.

우리의 반미주의자들은 이런 미국의 행동을 요즘 한국의 '사드' 도입을 저지하려고 중국이 벌이는 조폭적인 행패와 비교해 보았을까? 미국은 아시아의 공산화 저지가 1차적 목표였지만 어쨌든 우리나라를 보전해 주고 막대한 원조를 주면서도 '동맹국'으로 대등하게 대우했다. 반면 중국은 6·25 때 백만 대군을 보내 한국을 쓸어 없애려 했던 나라다. 그런데도 한국은 1992년 수교 후 이웃으로 중국의 경제 개발을 도왔다. 그런데 이제 와서 자칭 신형 대국이니 G2니 하며 우리를 짓밟고 능멸하려 든다.

임진왜란 당시 체찰사 류성룡은 명나라 지원군의 식량을 조달하느라 하루도 편한 날이 없었다. 그의 노심초사를 명나라 장수들도 알고 측은히 여겼다. 그러나 명의 이여송 제독은 군량미 문제로 그를 꿇어 앉히고 문초했고, 임진강을 두고 대치한 명군과 왜군의 강화를 막기 위해 류성룡이 임진강 배를 모두 없애버렸다는 거짓 정보에 속아 그를 명 진영에 불러들여 곤장 40대를 치라고 했다. 트럼프 대통령의 '당하고만 있지 않는 미국'은 우리의 반미에 어떻게 대응할까? 어떤 경우라도 중국처럼 야만적이진 않을 테니 그로써 위로를 삼을 수 있을까? 2017/3/21

최선의
추모는?

「자장子張」 논어 19편
공자

세│월호의 성공적 인양 소식은 모든 국민에게 한줄기 봄바람처럼 달갑고 고마운 것이다. 세월호는 지난 3년간 우리 국민 마음 한편에 납덩이처럼 얹혀 있었다. 그래서 미수습 시신 9구를 거두고자 국가 재정을 무려 1천억 원 투입하는, 아마도 세계 역사상 유례없는 기획이 실행될 수 있었다. 이 인양이 성공하면 광화문광장에서 세월호 천막이 걷히고 사고 원인에 대한 허황된 추측도 걷히고 유가족들도 모두 일상생활로 돌아갈 수 있을 것으로 국민은 기대하고 염원했다. 정밀 조사에 앞으로도 여러 달이 걸릴 모양이지만 가장 큰 고비를 넘겼으니 천만다행이다.

그런데 세월호 인양 성공이라는 반가운 소식과 함께 비친 엄청난 기름띠는 보는 이의 가슴을 내려앉게 한다. 하나의 재난 마무리가 또 하나의 재난의 시작이라니. 해안선이 생계의 터전인 국민의 손실을 보상하려면 또 국가 재정을 거액 지출해야 할 것이다. 그리고 죽어갈 어류, 양식 해조류와 어패류, 바닷새, 바다 동물들의 생명이 너무 가엾고 아깝다. 무엇보다도 장기전이 될 생태계 회복이 이루어지기까지 지역 주민과 어부들이 겪을 시름과 안타까움이 마음 아프다.

우리나라는 '망자에 대한 생자의 도리'가 과도해서 생자들의 삶이 잠식되는 일이 적지 않다. 조선조 양반들은 시묘살이를 하느라 산소 옆 움막에서 변변히 먹지도 못하고 한겨울에도 삼베옷을 입고 살았다. 그래서 삼년상이 끝나면 시름시름 앓다가 죽는 일이 흔했다고 한다. 골병이 들지 않는다 해도 당대 최고 인재들이 망자를 시중드느라 산 백성을 여러 해 외면한 것은 미덕으로 느껴지지 않는다.

세월호 인양 이야기가 나왔을 때 기름 유출 가능성이 처음부터 제기됐다. 그런데 유족의 '망자에 대한 도리'에의 집착과 국민의 안쓰럽고 죄스러운 마음이 그 재앙의 가능성을 묵살하게 했다. 막대한 인양 비용을 우리 사회의 약자를 돕는 데 쓰는 게 망자들을 더욱 뜻 깊게 기리는 일이 아니었을까? 애석하게도 유족들을 그런 방향으로 설득하려 한 정치인은 한 사람도 없었다. 늘 초강경 투쟁으로 일관하는 환경 운동가들도 왜 일제히 침묵했을까?

공자는 논어 제19편 「자장子張」에서 "상사애 기가이의(喪思哀 其可已矣·상에는 슬픔을 생각한다. 이 정도면 된다)"라고 말했다. 2017/3/28

피부로 듣는
사랑의 목소리

『나의 이야기』
헬렌 켈러

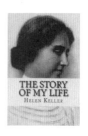

人각·청각장애인이었던 헬렌 켈러는, 23세 때 발표한 자신의 22세 까지의 자서전인 『나의 이야기』The Story of My Life에서 "시각 장애는 사람을 사물로부터 분리하지만 청각 장애는 사람을 사람으로부터 분리하기 때문"에 청각 장애가 훨씬 더 가혹한 장애라고 말했다.

청각장애인들은 외모 상으로 장애가 드러나지 않기 때문에 우리는 흔히 청각 장애를 가벼운 장애로 생각하기 쉽다. 그러나 우리가 생애 최초의 몇 년을 완전히 적막 속에서, 아무런 말도, 소리도 못 듣고 자랐다면 우리의 의식과 감정의 상태가 어떠했을까? 비장애인이라면 끊임없는 언어의 물결 속에서 저절로 습득하는 언어를 청각장애인들은 한 단어, 한 단어를 '인위적으로' 학습해야 한다. 사물의 이름을 일일이 습득하기도 벅찬데 조사助詞나 가정법 같은 문법적 요소들을 이해하기는 얼마나 어렵고 추상 개념, 감정을 파악하기는 얼마나 힘들겠는가. 언어를 '정복'하더라도 그들은 가족의 목소리도, 새소리, 바람 소리도 들을 수 없고 음악의 축복도 누릴 수 없다.

농아인들이 땅을 딛고 서서 세상과 유대를 맺고 지식의 세계에 진입하도록 도와주는 서대문구립농아인복지관 겸 도서관이 지난 3월 30일 창립 10주년을 기념했다. 농아인 복지관은 전국에 다섯 곳, 서울에 단 두 곳이 있을 뿐이다. 서대문구립농아인복지관은 남가좌동의 좀 허름한 건물에 옹색하게 자리 잡고 있지만 전국에서 두 번째로 개관한 농아인 도서관이었고, 여러 개의 작은 사무실에서 인공와우 이식수술을 받은 농아인들에게 소리를 구분하는 훈련, 대화 상대의 입 모양을 보고 말을 해독하는 교육 등 여러 가지 교육과 복지 서비스를 제공한다. 도서관에서는 농아인을 위해 세계명작 등의 도서를 비디오로 제작해 전국에 보급한다. 사업 예산 중 15억 원 정도를 서울시가 지원하지만 7~8억 원은 이정자 관장이 여러 기업체 등에 일일이 지원 서류를 제출해 따내서 충당한다.

작년 아모레퍼시픽에서 지원받은 1억 원으로는 농아인 청소년들을 베트남에 파견해 빈민을 위한 주택 건설 자원봉사를 하게 했다. 자신을 구호의 대상으로만 여겼던 농아인들이 스스로 남을 도우며 얼마나 큰 긍지를 느꼈겠는가.

어린 헬렌 켈러를 적막과 암흑의 감옥에서 나와 세상의 등불이 되게 한 설리번 선생님의 역할을 우리 정부와 민간이 협동으로 수행할 수 있으면 우리나라가 선진국인데…. 2017/4/4

日의 애국심 교육,
韓의 국가 혐오 교육

『메이지의 문화』
이로카와 다이키치

○ㅣ 본 각의에서, 19세기 말에 메이지 천황이 내린 '교육칙어'
를 학교에서 교재로 사용할 수 있다고 결의했다고 한다.
옛 일본식 검도도 학교에서 가르칠 수 있게 할 모양이다.

일본이 메이지 유신 이후 불과 몇 십 년 사이에 어떻게 천황
을 절대적 신으로 받들게 되었는지 늘 궁금했다. 천황이 신의 자
손이라는 신화가 존재하는 줄은 알았지만 막부 시대에 천황은
허수아비에 불과했고 붓글씨를 팔아서 생계를 꾸릴 정도로 처
량한 때도 있었다지 않는가. 주군(봉건영주)의 말고삐를 잡고 죽
는 것이 무사에게 최고의 영광이라는 '무사도'가 충성의 대상을
천황으로 바꿨겠지만 서양의 민주주의, 개인주의 사상이 밀려
들어 오는 속에서 저항도 만만치 않았을 텐데….

그런데 민중사학자 이로카와 다이키치의 책에서 그 답을
발견했다. 메이지 유신과 더불어 서양 문물, 사상이 유입되면
서 전통 공동체가 무너지니까 천황을 '국체'의 중심축으로 삼
아 민족 단합을 이룩하기로 했던 것이다. 이를 위한 거국적, 조

직적인 노력의 중심에 학교 설립과 교과서 집필, 보급이 있었다고 한다.

이로카와는 "민권운동을 탄압한 후 정부는 학교령을 개정하여 '교육칙어'를 반포하고 반체제 교육을 단속하는 동시에 교과서를 비롯한 교과과정 전반에 대한 본격적인 체계화에 착수(…) 메이지 36년(1903) 일거에 소학교 교과서의 국정화·획일화를 강행"했다고 말한다. 특이하게, 국사나 수신修身 교과서보다 천황에 대한 절대적 충성의 감동적 이야기들이 실린 국어독본을 통해 일본 민족의 정신적 집결을 이룩했다고 한다. 시와 군가, 그리고 '수병의 어머니' 같은 문학 작품을 통해 충성심이 살과 뼈에 스미게 했던 것이다.

차세대를 애국심으로 무장시키는 일본과 반대로 우리는 차세대 국민에게 나라에 대한 불신과 증오심을 고취하는 교육을 시행하고 있다. 고교 검·인정 교과서는 대한민국을 건국부터 잘못된 나라, 불의가 승리하는 나라로 폄훼한다. 일부 교사는 '기억과 진실을 향한 4·16 교과서'라는 걸 만들고 온갖 황당하고 악의적인 거짓 자료를 동원해 우리나라를 학생 수백 명을 고의로 수장하는 악랄한 나라로 인식시키고 있다. 한·일두 나라가 힘을 겨루게 될 때 어떤 일이 벌어질지, 두렵기만 하다. 2017/4/11

일하지 못하는
고통

『레디메이드 인생』
채만식

조선 시대, 대다수 양반은 무직자였다. 정기, 수시 과거가 열릴 때마다 전국에서 응시생들이 한양까지 걸어서 갔다가 걸어서 돌아갔다. 그러다가 낙방을 거듭하고 서울까지 신고 갈 (하루에 한 켤레씩 닳는) 짚신을 마련할 수 없으면 포기했다. 등과登科하지 못한 양반의 초라함은 형언하기 어려운 것이었다.

일제강점기에는 직종 다양화로 서민의 일자리는 늘었지만 인텔리들의 일자리는 드물었다. 현진건, 염상섭, 채만식 등의 식민지 시대 문학에는 인텔리 실업자 이야기가 많다. 채만식 단편소설 『레디메이드 인생』의 주인공 P는 "취직운동에 백전백패百戰百敗의 노졸老卒인지라 K씨의 힘 아니 드는 한마디의 거절에도 새삼스럽게 실망도 아니 한다."

필자의 성장기였던 1950년대에는 주위에 실직자가 일하는 사람보다 많았던 것 같다. 그래서 사업을 일궜거나 고위직에 오른 사람은 일가친척들의 일자리 마련에 골수가 말랐다. 그 때문에 『죄와 벌』에서 "빌붙어 볼 곳도 없는 처지가 어떤 건지 아십니까?"라는 여주인공 아버지의 탄식을 읽었을 때 무한한 슬픔이 밀려왔다.

그런데 1960년대부터 경제개발을 하면서 피눈물 나는 보릿고개가 마침내 사라지고 지극히 열악한 노동 현장에서나마 자력 생존의 길이 열리기 시작했다. 무작정 상경한 농촌 처녀들도 입주 가정부로 프라이버시 없는 삶을 살기보다 공장에 취직했고 점차 인간다운 삶을 쟁취하게 됐다.

1970년대와 80년대 학번들은 유신에서 5·18로 이어지는 엄혹한 시기를 통과하며 데모가 주업이 되다시피 했다. 당연히 학업 성취가 상당히 미약했다. 그러나 아이러니컬하게도 그들이 증오한 군사 정권들의 경제정책의 성공 덕분에 그들에게는 취업문이 활짝 열렸고 나라의 번영에 기여할 기회도 주어졌다. 그런 의미에서 그들은 한편으로 복 받았고 다른 한편으론 불행했던 내적 분열의 세대다.

봄이 되어 신록과 꽃이 아름답게 어우러진 산과 들을 보며 전국의 민둥산을 울창한 숲으로 가꾸어낸 우리 민족의 저력에 감탄하게 된다. 그러나 봄빛도 외면하고 싶은 수많은 청년 실업자들을 생각하면 가슴이 아프다. 대선 후보들이 저마다 어마어마한 숫자의 일자리 창출을 약속하고 있다. 그중에서 지속 가능하고 성장·확장 가능성이 큰 탄탄한 일자리 창조 계획을 내놓은 후보를 잘 가려내야 할 텐데…. 2017/4/18

흙수저의
용도

『라면을 끓이며』
김훈

'흙수저'는 고지식한 필자에게는 매우 듣기 괴로운 비유이
다. 흙을 뭉쳐서 수저로 만들 수도 없거니와 흙수저로
는 밥을 뜰 수도 없고 국을 떠먹을 수도 없지 않은가? 새 밥에
흙을 뭉개 넣고 국을 흙탕으로 만드는 그림이 떠올라 신성모독
같이 느껴진다. 예전엔 서민도 놋수저를 쓰지 않았을까? 흙수
저는 말할 것도 없고 납수저가 쓰였다는 말도 들어보지 못했다.

어쨌든 흙수저라는 비유를 만들어낸 사람은 이번 선거에서
저작권료를 단단히 챙겨야 할 것 같다. 자신이 흙수저임을 강조
하며 마치 그것이 대통령의 제1자격 요건인 듯이 위세를 부리
는 후보들로부터.

물론 극빈자 출신은 가난한 서민의 설움과 고충을 잘 이해하
리라고 짐작된다. 그러나 역사적으로나 우리의 직접 경험에 비
춰보거나 서민 출신 지도자가 반드시 서민의 고충을 뼈아파하
고 또 서민에게 이로운 정책을 현명하게 설계하고 시행하는 것
같지는 않다.

증기기관이나 방적기를 발명해서 영국 산업혁명의 시동을 건 제임스 와트나 리처드 아크라이트 같은 발명가는 대부분 기계공 등 중간 계층 출신이었다. 사업가로 성공한 사람 중에는 노동자로 출발한 이가 많았다. 전통 지주 계층 신사들은 지옥 같은 작업 환경과 지독한 노동 착취로 악명 높았던 산업혁명의 대열에 투신하기를 꺼렸다. 그런데 노동자 출신 사업가들도 기업주로서는 예전의 동료들에게 냉혹했다. 악덕 기업주만이 부침이 심한 산업혁명의 소용돌이 속에서 살아남을 수 있었기 때문이기도 했다. 즉 '흙수저'가 '갑질'을 하지 않는다는 보장은 없다는 말이다.

한편, 산업혁명의 극심한 고통을 해결한 사람들은 대부분 지식인, 신사 계층 인사들이었다. 지식인들이 노동자들의 비인간적인 근로조건과 생계 불안정에 대해 여론을 환기했고 의회에 진출했던 (지주 계층) 신사들이 어린이 노동시간 제한, 작업장 환경 개선, 위험 직종에 여성과 어린이 취업 제한, 산재 보상, 그리고 노동자 단결권 등 무수한 공장 관련법을 제정하고 개정해서 점진적 개선을 이룩했다.

소설가 김훈은 산문집 『라면을 끓이며』에서 이렇게 말했다. "귀족정신을 모조리 쳐부수어야 서민의 낙원이 세워지는 것은 아니다. 지도자가 귀족의 명예심을 잃을 때 서민의 지옥은 시작된다. 서민은 귀족의 반대말이 아니다." 2017/4/25

反인도적인
평등?

『미국의 민주주의』
알렉시스 드 토크빌

서구에서 민주주의 연구의 필수 고전인 『미국의 민주주의 Democracy in America』에서 토크빌은 프랑스대혁명의 실패는 평등이 민중의 목표였기 때문이라고 지적했다. 영국의 민주주의가 온건하게 자유를 확산시키며 전개돼 점진적으로 진화할 수 있었던 반면 프랑스 혁명을 일으킨 민중은 평등에 대한 열정 때문에 과격한 풍랑 속에서 헤매다가 결국 독재정부로 귀결되었다는 것이다. 또한 영국은 경험적 지혜로 제도를 수정해 나갔지만 프랑스 민중은 사상가들의 이념과 이론을 곧바로 제도화하려 했기에 실패했다고 분석했다.

프랑스 혁명을 일으킨 민중이 즉각적이고 완전한 '앙시앵 레짐(구체제) 청산'을 소리 높이 외치게 된 데는 국민성도 중요한 요인이었지만 당시 프랑스 민중의 비참한 처지와 특권층에 대한 극도의 적개심 탓도 컸다. 영국도 농업혁명으로 무수한 농민이 경작지를 잃고 도시 빈민굴에 군집하고, 산업혁명의 극심한 부작용으로 노동자의 생계 대책이 막연해질 때 민중혁명의 위기를 여러 번 겪었다. 그러나 영국 민중의 고난은 특권층의 수탈 때문이라기보다는 자연발생적 사회변화에 따른 면이 컸기에 합법적인 개혁으로 해결해 나갈 수 있었다.

작년 가을 이후 서울의 광장들엔 평등을 갈망하는 격렬한 구호가 넘쳐났다. 그런데 그 평등은 인도주의에 기초한 평등이 아닌 듯하다. 우리나라도 역사적으로 누적된 사회적 불평등에다 급격한 경제 발전으로 인한 빈부의 격차가 민중의 평등에 대한 갈망을 부풀린 것은 사실이다. 그러나 점진적 발전이 절대 불가능하지 않고 사실 역사상 어느 사회보다도 빠르게 진행 중이기도 한데 성급하고 분노한 이들은 대한민국호가 침몰하더라도 평등을 이뤄내고야 말겠다는 기세다.

평등은 인류의 고귀한 이상이고 가치이다. 하지만 급속한 평등 추구의 결과는 어땠는가. 프랑스 혁명은 물론, 공산주의 혁명도 세계 어디서나 예외 없이 혹독한 독재와 민중의 가난으로 귀결되었다. 단시일 내에 평등을 실현하려면 대저택을 없애고 모두 초가집에서 살고, 대통령과 각료들의 목을 비틀고 확성기 쥔 서민이 통치해야 한다. 이건 순리가 아니다.

풍문으로 들려오는 북·미 대협상이 만약 사실이어서 미국이 북한의 핵 동결을 조건으로 북한의 후견인이 된다면 우리는 동북아에서 외톨이가 되고 만다. 밑창이 뚫린 일엽편주가 되어야 하겠는가. 2017/5/2

총알보다 강한
투표

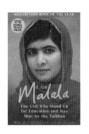

『나는 말랄라』
말랄라 유사프자이

직선제로 치른 1971년 대통령 선거 때는 유학 중이어서 내가 처음으로 투표권을 행사한 대선은 1987년 12월 선거였다. 6월 항쟁을 유도한 대학교수들의 직선제 개헌 촉구 선언에 참여하기도 해서, 어렵게 쟁취한 직접선거권이 말할 수 없이 감격스러웠다. 그런데 막상 선거 유세가 시작되자 보이는 모습, 들리는 소리가 모두 너무나 거슬려서 2주일이었던 유세 기간이 빨리 끝나기만 기다렸다.

그 후 5년마다 대통령 선거가 있었지만 한 번도 열렬히 지지하는 후보가 없어서 투표소로 향하는 발걸음이 무거웠다. 내가 찍은 사람이 당선돼도 못 볼 꼴을 보게 될까 봐 걱정이 앞섰고 몇 달 후에는 어김없이 그의 남은 임기를 어떻게 참아내나 하는 생각에 암담해졌다.

이번에도 대선 주자 토론을 좀 보니 수 십 조원씩이나 국고를 투입하겠다는 그들의 일자리와 복지 공약은 대부분 값비싼 실험이 되어버릴 것 같고, 국가 안보에 대한 호언장담은 그야말로 호언장담으로 보인다. 그래도 내가 행사할 이 한 표가 오랜 세월 참으로 많은 사람의 필사적 투쟁으로 얻어진 것임을 생각하면, 그리고 아직도 선거권이 없는 무수한 후진국 국민을 생각하면, 감히 기권할 수는 없다.

근대사에서 의회다운 의회는 영국에서 시작됐고 투표권도 영국민이 처음 행사했지만 최초로 모든 성인 남성이 투표권을 받은 나라는 스위스(1848년)였다. 영국 남성의 3분의 2가 선거권을 얻은 것이 1884년이었고, 영국 여성은 1928년에야 모두가 참정권을 갖게 됐다. 미국이나 영국이나 여성의 참정권 쟁취는 반세기 넘는 투쟁으로 이룩됐고 영국에서는 그 투쟁이 매우 격렬하고 폭력적이었다. 우리나라 여성은 1948년의 제헌 헌법을 기안한 유진오 박사 덕분에 스위스 여성보다 먼저 모두가 투표권을 갖게 됐다. 그러나 우리도 유보 당했던 주권을 투쟁으로 되찾아야 했다.

17세로 최연소 노벨상 수상자가 된 2014년도 노벨 평화상 수상자 말랄라 유사프자이는 자서전 『나는 말랄라 I Am Malala』에서 고국 파키스탄에서는 정치인들이 선거철이면 도로와 전기, 상수도, 학교 부지 등을 약속하고 지역 유지들에게 돈과 발전기를 주고 가는데 남자들만이 투표하는 선거가 끝나면 다시는 국회의원 모습을 볼 수 없고 그들의 약속도 실종된다고 말한다. 오늘 아침, 대한민국의 민주주의가 위태로워지는 일이 없기를 기도하는 마음으로 투표에 임해야겠다. 2017/5/9

4차 산업혁명 시대의
인문학

『제4차 산업혁명』
클라우스 슈바프

'**일**을 통한 자기 실현'이 문명 세계의 공통적인 이상으로 확립된 것은 19세기일 것이다. 16세기 루터의 종교개혁 이후 '일'은 단순한 생계 수단이 아니라 이웃과 사회에 기여함으로써 하느님의 뜻을 받드는 것이며 그 사람이 생존할 가치를 보증해 주는 것이 됐다. 그러나 그것이 즉시 기독교 세계의 지배적 이상이 되지는 못했고 사회가 역동성을 얻어 고급 인력이 많이 필요해지면서 점차 확산됐다.

여기엔 중세까지의, '일'은 고되고 저급한 것인데 하층민이 생존을 위해 하지 않을 수 없는 것, 귀족이나 신사, 즉 고귀한 사람은 일하지 않는 사람이라는 관념에 대한 강한 반발이 작용했다. 높아진 일의 가치는 세계를 급속도로 발전시키고 인류를 번영하고 안락하게 했다. 일의 위상이 높아지자 일을 피해 편안함을 추구하기보다 오히려 과도하게 일을 갈구하는 '워커홀릭'도 등장했다. 필자도 그중의 하나라서 상식적인 친지들에게서 딱하고 한심한 사람 취급을 많이 받았다.

그런데 이제 많은 사람이 일을 하고 싶어도 할 수 없는 시대가 닥친 것 같다. 4차 산업혁명이 본 궤도에 올라 '영특한' 로봇 하나가 열 명, 백 명의 인력을 대체하게 되면 어떤 일자리가 남아날지, 걱정스럽다. 『제4차 산업혁명The Fourth Industrial Revolution』의 저자 클라우스 슈바프는 4차 산업혁명이 미국에서 앞으로 10~20년 사이에 47%의 기존 일자리를 소멸시킬 것으로 전망된다는 연구를 전한다. 그렇다면 사람은 이제 일이 아닌 다른 것을 통한 자기 실현, 존재 가치 확인의 길을 신속히 찾아야 한다.

제4차 산업혁명은 난치병 치료 등 수많은 인류의 숙원을 해결하고 식량을 비롯한 대부분의 생필품 가격을 현격히 낮추고 사회안전망을 완비해서 직업이 없어도 생존이 가능하게 하지 않을까, 희망해 본다.

인류의 반이 무직인 시대에는 사유, 사색의 힘으로 존재 가치를 실현할 수밖에 없지 않겠는가? 이제부터는 그동안 일에 바빠 미뤄뒀던 부단한 자기 성찰을 통한 인격의 완성, 그리고 인류 사회의 모순을 해결하고 문명 간의 대립을 해소함으로써 인류의 존속을 확보하는 작업을 해볼 수 있고 또 해야만 한다. 인문학이 그 기본 도구여야 하는데 모든 대학에서 인문학이 찬밥신세. 4차 산업혁명의 유토피아가 내공 없는 허수아비들의 집합소가 되어서야…. 2017/5/16

천국의 주민?
선진국 시민!

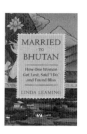

『**부탄과 결혼하다**』
린다 리밍

운전면허를 갱신할 때가 되어서 강서 면허시험장까지 가
야겠지, 했는데 도심에서도 가능하다니 놀랍다. 국민 편
의를 위해 끊임없이 진화하는 대한민국 만세!

1970년 유학을 가기 위해 여권을 신청하는데, 필요한 서류가
자그마치 13가지였다. 그것들을 발급받으러 다니느라 시간과 수
고도 많이 들었지만 가는 곳마다 창구 직원들의 고압적인 태도
가 사람을 피곤하고 노엽게 했다. 여권을 받아 출국할 때는 탈
출하는 기분이 들 정도였다. 그런데 이 수고로움조차 1950~60
년대에는 보통 두세 달에서 반년까지 걸리기도 했던 '신원조회'
를 통과한 사람만 누리는 특권이었다. 요즘은 물론 아니다. 아
무 구청에서나 쉽게 여권을 신청해 발급받을 수 있다. 그리고 창
구 직원이 민원인을 멸시하고 적대시하는 모습도 볼 수 없고 오
히려 황송할 정도로 친절하다.

1950년대에는 전국의 산이 거의 다 민둥산이었는데 이제는
나라 전체가 정원이고 웬만한 동네엔 근린공원이 다 있다. 버스

정류장에서 '다음 도착 버스는 몇 번입니다'라고 알려주는 나라가 세계에 몇이나 될까? 침몰한 거대 여객선의 잔해를 3년이나 별러서 인양하는 나라가 세계에 또 있겠는가. 우리나라는 훌륭한 나라, 국민은 축복받은 국민이다.

그런데 우리나라가 부탄처럼 행복한 나라가 되는 것이 새 대통령의 소망이라고 한다. 국민이 소박하고 오순도순 사는 부탄이 아름다워 보이는 것은 사실이다. 그러나 그것은 부탄이 인구가 적고(약 75만) 인구밀도가 낮아서 가능한 일이고, 국가 규모가 다른 우리나라가 닮을 수 있는 조건이 아니다. 부탄에 반해서 단신으로 영구 이주한 미국 여성 린다 리밍의 『부탄과 결혼하다Married to Bhutan』를 보면 부탄 사람들은 착하고 욕심이 적어서 사회가 평온한 것 같다. 그러나 우리나라가 여름에는 빙하가 녹아내린 물의 홍수로 간선도로도 다 유실되고, 씻을 물은커녕 식수도 길어다 먹거나 배급에 의존해야 하고, 국내 여행도 허가증을 받아야 하고, 시간관념이란 존재하지 않고, 화장지는 물론 화장실이 없어도 용무를 해결해야 하는 행복을 감당할 수 있을까?

부탄의 행복은 우리로서는 모방할 수도 감당할 수도 없는 행복이다. 우리가 선진국 문턱에 서서도 행복하지 못하다면 그것은 대한민국의 존엄성을 부정하고 이제까지 국민이 피땀 흘려 이룬 바를 평가절하하는 세력들 때문이다. 2017/5/23

천수답으로
복귀하자는 건가?

『대지』
펄 벅

초등학생 때 읽거나 본 뉴스에서 심한 가뭄에 양동이로 샘물을 길어다 논에 붓다가 과로사한 농부의 이야기, 또는 밤중에 남의 물길을 잠시 돌려서 자기 논을 적시려다가 주인에게 발각돼 맞아 죽은 농부의 이야기를 접하면 말 할 수 없는 비애를 느꼈다. 당시에는 우리나라 논의 대부분이었던 천수답天水畓이 자연의 위력 앞에 속수무책인 우리 농민, 우리나라의 처지로 생각되었다.

펄 벅의 장편『대지The Good Earth』에서 성실, 근면한 주인공 왕룽은 속 깊고 알뜰한 아내 오란의 도움을 받아 탄탄한 자작농이 된다. 그러나 안후이성安徽省에 가뭄이 들어 땅이 온통 타들어간다. 왕룽은 어깨에 홈이 파이도록 물을 져 날라 논을 적시지만 가뭄은 해를 넘겨 계속되고 뜯어 먹을 풀도, 벗겨 먹을 나무껍질도 없어져 흙을 삶아 먹는 지경에 이른다. 오란은 배 속에서 영양 공급을 못 받아 부실하게 태어난 아이의 목을 눌러서 죽인다. 하늘의 무심함과 인간의 무력함이라니!

내달 1일부터 공주보洑의 수문을 열라는 문재인 대통령의 지시에 농민들이 "최근 4~5년간의 가뭄에 금강 물을 끌어다 쓰며 버텼는데 공주보 개방은 농사짓지 말라는 얘기"라며 시름에 겨워한다는 뉴스를 봤다. 올해도 벌써 여러 지방에 심한 가뭄이 들어 저수지 물이 마르고, 작물이 타 죽고, 모내기도 못한 많은 농가가 올 농사를 아예 포기한다고 한다. 이 상황에서 4대강 보의 물을 방류하는 것은 농민들에게 너무 잔인하다. 농민의 생명과 같은 물을 방류하기 전에 녹조 제거 또는 분해 방법을 최대한 모색하는 것이 순서 아니겠는가.

새 정부는 국민이 정부에 간절히 바라고 기대하던 몇 가지 모습을 보여주고 언약했다. 새 대통령이 보좌진과 가벼운 셔츠 차림으로 식후 커피를 마시며 격의 없이 담소하는 모습, 국민과 자주 소통하겠다는 약속, 대통령의 특수활동비를 대폭 줄이고 대통령 가족의 식비도 사비로 내겠다는 선언 등은 국민에게 감미로운 선물이었다. 그러나 국민을 그렇게 무장해제를 시켜놓고 국민의 생계와 국가의 존망, 국제적 공조냐 고립이냐를 좌우할 너무도 중요한 조처들을 번개처럼 발표했다. 아무런 국민적 토의나 의견 수렴, 입장 설명이 필요 없는 당연한 시책이라는 듯이. 독재란 채찍으로 국민을 후려치며 재산을 강탈하는 것만이 아니다. 2017/5/30

사드 반입은
이적 행위 아니잖아요

「안연顏淵」 논어 12권
공자

닷없이 국방부가 사드 4기 추가 도입을 대통령에게 보고하지 않았다며 벼락이 칠 듯 하니까 국민은 겁에 질린다. 안보 전문가들 말로는 사드는 6기가 한 세트여서 이미 반입해 설치한 2기에다 4기를 추가로 설치해야 모든 기능이 갖추어지는 것이라고 한다. 국방부는 추가 도입이 당연 수순이고 대통령의 당선·취임 전에 반입 사실이 보도됐으니 대통령도 알고 있을 것으로 생각했던 것일까? 어쨌든 보고가 누락된 '경위'를 알아보겠다고 해도 될 것을 '진상'을 조사하겠다며 국방장관 등을 청와대로 '소환'까지 하니 공포 분위기가 느껴진다.

사드가 어떻게 구성되고 작동하는지를 대통령이 몰랐다고 해서 이상할 것도, 창피할 것도 없다. 그러나 새 정부가 내건 여러 회심의 정책에 대해 목표한 것과 반대의 결과를 낳게 된다는 전문가들의 절규가 터져 나온다. 그러니 대통령은 외교·안보·경제 제반 현안에 대해 그의 측근들과 반대의 시각을 가진 학자, 실무자들을 만나 토론하고 숙의해주기를 바라는 마음이 간절하다. 특히 대통령의 국방 분야에 대한 지식과 이해는 국가 존립과 국민의 생존에 직결되는 문제 아닌가. 근자엔 문 대통령은 사드를 국토 방어용이 아닌 국민 살상용으로 인식하는 것 같이 보이기도 한다.

작년 가을 촛불 집회가 시작된 후, 탄핵이 인용되기도 전에 이미 권력의 축이 현 집권당인 더불어민주당과 당시 문재인 후보 진영으로 이동한 형국이었다. 그래서 대선 유세 중에 문재인 후보가 과반의 표를 달라고 간절히 호소했을 때, 과반 득표를 하면 완전 무소불위의 권력이 될 것 같아 불안했다. 그런데 이제는 차라리 지난 대선에서 과반 득표를 했더라면 문 대통령이 더 많은 국민을 자기 '백성'으로 간주하지 않을까 싶어 아쉽기도 하다. 유력 주자 5명 중에서 41% 득표는 압승이다. 취임 직후보다 다소 떨어졌지만 문 대통령의 지지율은 78%로 여전히 매우 높다. 그런데도 새 정부가 촛불 세력만을 위한 맞춤 정치를 한다는 슬픈 느낌이 자주 든다.

새 정부는 '적폐 청산'이 여행 가방을 탈싹 엎어서 다시 싸는 식의 국정 운영이라고 생각하지 않기를 바란다. 논어에 이르기를 "백성을 부릴 때는 큰 제사를 받드는 듯 신중히 하라使民如承大祭"고 했다. 문재인 정부는 부디 모든 국민의 여망을 존중해서 물러날 때도 압도적인 지지를 받기를 바란다. 2017/6/6

시험대에 오른
우리 외교

『허클베리 핀의 모험』
마크 트웨인

아직 세계가 온통 미스터리고 문학이 나에게 세계를 열어
주는 유일한 열쇠였을 때, 영국 문학과 미국 문학의 대조
는 엄청난 충격이었다. 영국 소설을 읽으면 개인을 포위하고, 개
인의 운명을 지배하는 사회의 존재를 너무나 생생히 느끼게 된
다. 18~19세기 영국소설은 온통 사회 구성원으로서의 개인의 자
격 검증에 관한 이야기이다. 소설의 진행 과정은 작중 인물이 사
회와 조화를 이루고 사회에 기여하기 위해서 자신의 이기심과
욕망을 억제하고 포기할 수 있는가를 시험하는 과정이다. 그러
나 사회의 요구에 무조건 굴종하면 되는 것이 아니고 부당한 요
구에는 투쟁해서 사회를 개선할 의무도 있다.

그런가 하면 미국 소설에서 사회는 자주 개인을 타락시키고
개인의 양심과 자유를 파괴하는 악으로 제시된다. 그래서 선한
주인공은 사회의 오염을 피해 스스로를 소외시킴으로써 자신
의 인격을 보존한다. 개척지가 남았을 때는 사회의 함정보다 험
난한 자연을 택하기도 한다. 구舊세계의 죄악과 압제를 피해 머

나면 이주를 감행한 청교도들의 저항 정신에, 그렇게 세운 이상 국가가 노예 제도와 온갖 부정으로 얼룩진 데 대한 환멸 때문이었다. '모든 미국 소설의 원조'라는 칭송을 듣는 『허클베리 핀의 모험 The Adventures of Huckleberry Finn』에서 작가는 주인공 소년으로 하여금 "좋아. 그럼 지옥에 갈 테야"라고 하면서 도망 노예 고발을 거부하게 한다. 도망 노예의 신고가 기독교도의 의무라고 배웠음에도.

미국의 이런 극단적 개인주의는 국제사회에서도 고립주의를 견지하게 했지만 세계 1, 2차 대전은 미국을 세계무대로 끌어내었다. 2차 대전 종전과 함께 미국은 전쟁으로 피폐한 자유세계의 복구를 도와 소련의 무한대 팽창을 저지해야 했고 자연히 자유세계의 맹주 역할을 맡지 않을 수 없었다. 물론, 이는 미국의 자국 보호와 지속적 번영을 위해 필요했고 동시에 미국민의 오랜 문화적 열등감 극복의 기회이기도 했다.

이제 미국이 '미국 우선주의'를 선언하고 고립주의로 회귀하려는 듯하다. 강대국으로서의 부담금 지불도 하나씩 거부하려하고 있다. 미국의 패권국 지위 상실과 경제적 위축을 초래하고 미국민의 자존심에도 타격을 줄 매우 현명하지 못한 선택이지만 미국인의 DNA에는 고립주의에 대한 향수도 있다. 2017/6/13

불명예의
박사 학위

『미들마치』
조지 엘리엇

19 세기 영국의 여성 작가 조지 엘리엇의 대표작 『미들마치Middlemarch』에 등장하는 불스트로드는 지독한 위선자다. 그의 첫 아내는 사망 전에 유산을 물려주고 싶어서 전남편과의 소생인 딸을 애타게 찾는데 불스트로드는 그 딸의 소재를 알아내고도 아내에게 감춰서 유산을 가로챈다. 그리고 부유한 은행가, 자선사업가가 되어 거들먹거리지만 비밀이 탄로 날까 봐 늘 조마조마하다. 그러던 중 자기 비밀을 아는 인물이 중병에 걸려 나타나자 그를 자기 집에서 돌보는 척하며 죽음에 이르게 한다. 비밀은 범죄를 낳는다.

요즘 인사 청문회에 올라오는 국무위원 기타 고위 공직 지명자들은 하나같이 박사들이다. 필자는 박사 학위 마지막 해에 그야말로 목숨 걸고, 사생결단의 심정으로 논문을 썼다. 그런데 학문과는 거리가 먼, 그리고 남보다 몇 배 바쁜 국회의원이나 관료, 시민운동가들이 어떻게 보통 사람은 거기에만 '올인'해도 따기 어려운 박사 학위를 딸 수 있었을까?

10여 년 전 김병준 교육부총리 지명자의 자기 표절, 논문 중복 게재 보도를 보고 말할 수 없이 놀라고 분개했었다. 그때는 한 마리 꼴뚜기가 모든 교수의 명예에 먹칠했다고 펄펄 뛰었는데 그 이후 청문회에 올라온 고위 공직 후보들의 이력서를 보니 김병준 씨의 경우는 표절이랄 수도 없을 듯하다. 김상곤 현 교육부총리 후보는 표절이 석사 논문 100여 군데, 박사 논문 수십 군데라고 한다. 그의 경우는 명색이 교수 출신이니 그 논문들을 자신이 쓰면서 그 많은 표절을 했는지 알 수 없으나, 대부분 공직 후보 박사는 자기 석·박사 논문 집필에 보조적으로라도 참여했을까, 학과목은 총 몇 강좌나 수강했을까 궁금하다.

이런 인사들이 청문회를 통과해 중요 공직에 오르면 우리나라는 가짜 박사들을 높이 받드는 나라가 된다. 슬프지 아니한가! 공자는 정치를 맡게 되면 무엇을 먼저 하겠느냐는 물음에 '반드시 이름을 바로잡겠다必也正名乎'고 대답했다. 청문회는 필자가 누구인지 의심스러운 논문의 표절 대목 수만 따지다가 넘어가지 말고 문제의 논문에서 표절을 제외한 바탕글은 문법이 대강이라도 맞고 논지가 들어 있는 글인지, 후보자가 자기 논문의 내용을 웬만큼 알고나 있는지, 즉 자신이 집필자이기는 한건지, 전공 분야에 관해 기본 지식이라도 있는지 밝혀내어 이 나라를 가짜들로부터 구해야 한다. 2017/6/20

중등교육은
붕어빵 제조기?

「나중에 온 이 사람에게도」
존 러스킨

19세기 영국의 사상가 존 러스킨은 당대 산업혁명의 희생양이던 노동자들을 아사餓死에서 구하라고 동시대인들을 불같이 다그쳤고, 전 재산을 들여 노동자가 제대로 대접받는 생산 공동체를 만들었다. 그러나 그는 당대 최고의 강연 중하나였던 「나중에 온 이 사람에게도Unto This Last」에서 열등한 장인匠人이 싼 품삯으로 우수한 장인의 일을 가로채도록 허용해서는 안 되고, 같은 일에 대한 보수는 같되 우수한 장인은 일감을 얻고 열등한 장인은 일감을 못 얻는 것이 정의正義라고 말했다. 간담이 서늘해지는 말이지만 '기술 없는 기술자'의 피해를 봐 본사람에게는 공감이 가는 말이다.

현 정부는 수월성을 반反국가적 범죄로 보는 것 같다. 사기업에도 성과급 폐지를 촉구하고, 수능시험을 유명무실화(?)하고, 외고와 자사고를 직권으로 폐지하려 한다. 그 과정에서 기업의 자유, 국민의 재산권, 국민의 노력과 성취에 대한 국가의 보호의무는 실종된다. 어쩌면 정부는 차세대 국민의 행복을 위해 불가피하다고 말할지 모른다. 그러나 이는 오히려 차세대를 무력감과 실의에 빠뜨리는 전횡이다.

경쟁이 현대인을 병들게 하는 것은 재론의 여지없는 사실이다. 그러나 경쟁이 없는 사회, 즉 자신의 능력을 치열하게 연마해 완성하도록 촉구하지 않는 사회가 행복하고 건강한 사람을 길러내는 것은 아니다. 철들기 전의 청소년들은 경쟁이 덜해져서 게임이나 오락을 할 시간이 늘면 아마도 희희낙락할 것이다. 그러나 어른이 된 후 자신은 하나도 우수한 능력이나 기술이 없는, 따라서 아무 데서도 정말 요긴하게 쓰이지 않는 사람이라고 생각하게 될 때 얼마나 허전하고 불안하겠는가. 바야흐로 100세 시대라는데 자기 능력에 대한 자신감과 지속적 자기 향상의 기반 없이 50년, 70년을 드라마나 보는 재미로 살아야 하는가? 심지어 우월성을 죄악시하도록 배운 세대라면 드라마도 재미없게 만들고, 운동경기, 음악회, 전시회 모두 시시하고, 모든 건축물이나 시설, 조직 운영 체계가 전부 부실해서 위태롭고, 병이나 사고가 나면 믿고 찾을 의사라도 길러질 수 있겠는가.

김연아 같이 천재적 재능에 의지력까지 뛰어난 유소년은 한 세대에 몇 명 나지 않는다. 적절한 격려와 고강도 단련으로 평범한 유소년을 쓸 만한 인재, 대성할 유망주로 키워내는 것이 교육이다. 2017/6/27

장진호의
유산

『제4중대장』
에드윈 시먼스

세계 역사상 무지막지한 추위 속에서 전개된 전쟁이 적지 않다. 가장 대표적인 것이 아마도 『전쟁과 평화』의 소재가 된 나폴레옹의 1812년 러시아 침략일 것이다. 속전속결을 목표로 위풍당당하게 러시아로 진격했던 68만 프랑스 대군은 쿠투조프 러시아군 원수의 지연작전에 휘말려 궤멸되다시피 한다. 그 밖에도 히틀러의 침공에 맞섰던 스탈린그라드의 결사항전, 미국 독립전쟁 첫해 겨울 밸리 포지 Valley Forge에서의 겨울나기, 병자호란 당시 남한산성에서의 저항 등 추위로 인해 몇 배 더 가혹했던 전쟁이 많다.

6·25전쟁 중 장진호 전투도 인류사에 영원히 기억될 혹한 속 전투였다. 너무도 극한 상황에서 전개된 전투여서 단 17일의 전투였지만 이를 소재로 한 소설, 회고록 등이 30권도 넘게 나왔다. 장진호 전투에 미 해병대 1사단 4중대 중대장으로 참가했고 후에 준장으로 퇴역한 에드윈 시먼스 장군이 쓴 자전적 소설 『제4중대장 Dog Company Six』, 또 1951년부터 참전했지만 직접 전해

들은 장진호 베테랑들의 경험담과 사료들을 토대로 소설화한 제임스 브레이디의 『가을의 해병들The Marines of Autumn』 등에 장진호 전투의 상황이 소름끼치도록 선명하게 재현돼 있다.

결빙된 장진호 저수지 때문에 한층 더 견딜 수 없었던 영하 30~40도의 추위 속에서 중공군이 (낮에는 공중 폭격이 두려워서 숨어 있다가) 밤에만 몰려와서 잠도 잘 수 없고, 땅이 바위처럼 얼어서 참호를 팔 수도 없고, 헬기가 떨어뜨린 보급품도 험한 골짜기에서 끌어올릴 수 없고, 총신이 얼어서 총알이 발사되지 않아 소변으로 녹여서 총을 쏘고, 옷을 겹겹이 껴입고도 온몸이 떨려 음식을 입에 떠 넣을 수도 없고, 부상을 당하면 피가 응고되기 전에 얼어버리고, 혈장血漿은 얼어서 무용지물이고 모르핀 앰풀은 입에 넣어 녹여서 주사하고, 나중에는 흥남으로 철수하면서 감각 없는 손으로 옷을 헤칠 수도 없고 맨살을 내놓을 수도 없어서 그대로 걸으면서 배설도 한다.

3만 명의 유엔군이 체액을 모조리 얼리는 혹한 속에서 매일 밤 끝없이 밀려오는 얼굴 없는 중공군을 육감으로 사격해서 중공군의 기세를 꺾었던 참혹한 전투. 그 값비싼 희생이 한·미 두 나라의 굳은 우정으로 이어지도록 가꾸는 것이 어리석은 일은 아니지 않은가? 2017/7/4

상수원에
오물을 투척하는 정부

「타르튀프」
장 밥티스트 몰리에르

연극배우라면 누구나 한번 꼭 해보고 싶고, 또 해봐야 최
일류의 반열에 들 수 있는 배역이 비극에서 「햄릿」과
「리어 왕」, 「샤일록」이라면 희극에서는 몰리에르의 「타르튀프
Tartuffe」를 빼놓을 수 없다. 그는 가장 경건하고 독실한 인격자
인 척하면서 자기 탐욕과 욕정을 집요하게 추구한다. 자기를 손
님으로 극진히 환대하며 사위로 삼으려 하는 주인의 딸과 아
내를 동시에 유혹하면서 "아무도 모르는 죄는 죄가 아니다"라
고 말한다.

정권마다 출범 초기에 고위직 지명자들의 가려졌던 민낯을
보는 고통을 민주주의 쟁취의 트로피로 봐야 할까? 이번 정권
의 지명자들은 여러 명 몰염치를 넘어 범죄성까지 드러냈는데
이런 인사들의 임명을 강행한다니 앞으로 5년을 살아낼 일이
아득하다.

'좌파' 쪽 인사들과는 안면이 별로 없는데, 뉴스 보도만 보
아도 '저런 위선자!' 하고 치를 떨게 되는 인사도 있다. 그러나 많

은 경우 경제관이나 사회를 보는 시각이 매우 비합리적이고 비논리적이라도 그들의 우국충정이나 애민 정신은 믿었다. 그런데 이제 보니까 그들의 지적인 사고에 결함이 있을 뿐 아니라 인격에도 중대한 하자가 있고, 그 두 가지가 같은 뿌리에 기인하는 것이라고 깨닫게 된다.

표절로 작성한 석사·박사 논문으로 받은 학위는 반드시 취소되고 그런 학위 논문을 지도한 교수, 심사해서 통과시킨 심사위원들도 징계해야 우리나라의 학문이 바로 설 것 아닌가? 그리고 그런 엉터리 학위로 교수가 되어 질 낮은 강의를 했다면 봉급도 전액 반납해야 하고 사기죄로 재판에 회부되어야 할 터인데 그런 사람이 우리나라 교육의 사령탑이 되었다. 언제나 군인 정신에 투철해야 할 장교, 사령관으로서 두 번이나 만취 상태에서 음주 운전을 하고 국방 비리를 단호하게 수사해 발본색원하는 대신 눈감아 주는 사람이 국방장관이 되고, 자기가 이사로 있는 사업체가 임금도 제대로 지급하지 않는 것을 아는 이가 노동부장관을 하면 국민은 무엇으로 교육과 국가 수호, 노동 존중의 가치를 삼는단 말인가.

우리나라 고미술사 학계의 태두인 A 교수는 고미술품을 절대 수집하지 않는다고 한다. 학문적 연구와 평가에 있어 불식간에 자기 소장품의 가치를 높이는 과오를 범하게 될까봐 삼가는 것이라고 한다. 이 정권에서 선비 정신은 비웃음의 대상일 뿐일까? 2017/7/11

후진국 국민의
비애

『한중록』
혜경궁

선진국이라고 '갑질'이 없지는 않겠지만 프랜차이즈 본사가 그토록 노골적으로, 그토록 비열하게 가맹점을 착취하고 골탕 먹이는 나라는 국민소득 액수에 관계없이 후진국이다. 시민의 발이며 국가 경제의 핏줄인 시내버스 기사들이 과로와 열악한 노동 조건으로 매일 지옥 문턱을 넘나들고, 대형사고 위험이 상존하는 상황이 무한정 방치되는 사회 역시 변명할 여지없이 후진국이다. 그래서 우리 국민에게 후진국민 DNA가 있는 것 아닌가 하는 비관이 일지만 그렇지는 않다고 믿는다. 공적인 분야에서 절차적 정당성과 합리적 원칙이 존중되면 이런 음지에 서식하는 비리는 신속히 도태될 것이다. 그런데 우리나라는 정부가 앞장서서 비합리적 독단을 실행하고 있다.

새 정부는 어마어마한 국고를 쏟아 부어야 하는 경제정책을 하나도 아니고 여럿, 국민과 합의하는 과정 없이 직권으로 시행하고 있다. 최저임금의 급격한 인상, 공공 부문 일자리 81만 개 신설 등으로 일부 국민이 일시적 혜택을 볼 수는 있지만 장기적 효과는 매우 불확실하고 해로울 것이라는 전문가들의 견해는 묵살된다.

청와대의 갑작스러운 원자력발전소 시공 중단 지시는 국민에게는 날벼락이다. 나라의 에너지 안보와 경제성장 동력 확보가 걸린, 그리고 2조 6천 억 내지 12조 원의 손실이 따르는 건설 전면 중단 여부를 비전문가들로 시민위원회를 구성해 결정하게 한다니 이 나라는 아마추어들의 낙원인가?

발등의 불이 된 북한 핵폭탄에서 국민을 지켜줄 요격미사일 설치는 반드시 한다면서 일 년을 미루고, 국민을 몰살하겠다는 북한에 체제를 보장해 줄 테니 대화를 하자고 하고, 에너지 자립을 포기하면서까지 러시아로부터 북한을 통과하는 파이프를 설치해 천연가스를 받겠다는 것은 남북 화해만 할 수 있다면 남한 국민을 제물로 바쳐도 좋다는 생각이 아닐까?

한 달 동안 각계 인사들과 야당은 물론 여당까지도 반대한 인사들을 기어이 장관에 임명하고, 시위대 10여 명에게 막혀서 경찰력 1천5백 명이 퇴각하는 나라가 국가 안위와 국민의 안녕을 책임지는 나라인가?

사도세자의 미망인 혜경궁 홍씨의 회고록 『한중록閑中錄』을 보면 영조는 평생 비단 옷을 입기 싫어하고 소식素食으로 일관한 애민愛民 군주였으나 자기만 옳다는 확신과 고집 때문에 단 하나뿐인 귀한 아들을 정신병으로 몰아넣었다. 지금 우리 국민은 초기 노이로제 상태에 있다. 2017/7/18

홍준표 대표에게
수련修鍊을 권하며

『정당의 생명력』
박지향

많은 국민이 문재인 정부의 수많은 일방적인 정책 강행을 크게 걱정한다. 안보 위험과 경제 기반 파괴, 그리고 사회적 분열, 반목이 예상되어서이다. 그보다 더 큰 걱정은 이런 정책의 부당함을 논리적으로 설파하고 저지할 야권 지도자가 안보이는 것이다. 그리고 이들 정책 실험의 뻔한 부작용이 현실화될 때 누가 그 복구를 설계하고 지휘할 것인가?

홍준표 자유한국당 대표? 글쎄…. 홍준표 대표에게 장점이 없는 것은 아니다. 그의 솔직함이나 고집, 뚝심 등은 많은 국민이 인정하는 장점이다. 그런데 이 장점들의 뒷면이 곧 그의 단점이다. 그가 정계에 진출한 1990년대엔 투박하고 저돌적인 그의 모습이 친親서민적이고 가식 없다는 느낌을 주었을지 모르나 이제는 상당수 국민에게 거부감을 주고, 그가 자기 수양이나 공부는 안 하면서 알량한 '모래시계' 이력 정도로 대권을 넘보는 것 아니냐는 반발심을 자극한다.

2022년에는—그전에 북한 핵에 의한 멸망을 면한다면—우리나라가 국고 고갈, 에너지 부족과 수급 불안, 최저임금 상승으로 인한 일자리 감소, 반反기업 정서로 인한 기업의 위축과 국제 경쟁력 하락, 강성 노총의 전횡으로 인한 노동 조건 악화 등 '묻지마 개혁'의 온갖 후유증으로 신음할 것이 예상된다. 홍 대표가 그 수 많은 문제의 원인을 심층적으로 이해하고 최선의 해결책을 도출해 추진할 수 있을까?

홍 대표는 지금부터 문재인 정부의 100대 정책 과제에 대해 각 방면 전문가의 의견을 구해서 각각의 문제점을, 그리고 그 다중적 연관관계를 심도 있게 파악하고 어떤 논리로 반대하고 저지할지를 깊이 연구해야 한다. 현 정부의 행보를 깊이 우려하는 학자, 전문가가 많은 만큼 자발적인 조언을 얻을 수 있을 것이다. 이 과정에서 홍 대표는 국가 경영이 얼마나 지난한 과제이며 지도자의 선택에 국민의 생명과 안녕이 어떻게 좌우되는가를 깨닫고 정치가로서 성숙할 것이다. 그러면 자연히 제1 야당 대표에 걸맞은 품격이 붙을 것이다.

박지향 교수는 영국의 보수당 역사를 연구한 『정당의 생명력』에서 누차 와해의 위기를 맞았고, 수십 년씩 집권을 못 하기도 했던 보수당의 생명력을 분석했다. 로버트 필, 벤저민 디즈레일리, 윈스턴 처칠, 마거릿 대처 등 보수당을 살려낸 리더들을 연구해 보기를 홍 대표에게 권유한다. 2017/7/25

'수명 150세'
시대의 정치

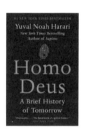

『호모 데우스』
유발 하라리

인류의 과거와 미래에 대해 많은 생각을 촉발하는 문명사가 유발 하라리는 『호모 데우스: 간략한 미래사未來史 Homo Deus: A Brief History of Tomorrow』에서 인류는 이제 질병, 기아, 전쟁 문제를 해결했으므로 평균수명이 150세로 연장될 것이라고 말한다. 환호할 사람도 많겠지만 나는 등골이 서늘하다.

인간에게 수명 150세는 축복일까? 영국의 극작가·사상가 버나드 쇼는 1차 세계대전 종전 후에 발표한 『므두셀라 시대로 회귀』에서 인류가 이렇게 철들만 하면 죽으니까 20세기와 같이 복합적인 문명을 경영할 지혜와 경험을 터득할 수 없다며 인간 수명이 300년은 되어야 한다고 주장했다. 한편 인간혐오병자였던 조나단 스위프트의 『걸리버 여행기』에서 주인공은 '스트럴드브러그'라는 죽지 않는 인간들을 만나는데, 그들은 연륜과 함께 지혜와 원숙함을 터득하기는커녕 탐욕과 질투와 불만에 들끓는 역겹고 비참한 존재들이다.

모든 인간이 150세를 살게 된다면 당장 공황상태에 빠질 것 같다. 아무리 재산이 많은 사람이라도 그 재산이 향후 100년간 안전하기를 기대하기 어려우니 그 불안을 어찌 감당할까? 60세에 퇴직하고 90년간 '할 일 없이' 살아야 한다면 너무 잔인한 일 아닌가?

평균수명 150세는 몰라도 100세를 넘길 날은 멀지 않은 듯하다. 국민이 100세 넘어서까지 기본적인 편안함과 품위를 유지하며 생존할 수 있으려면 참으로 여러 가지가 필요하다. 무엇보다 자기 몫의 사회적인 기여를 하고 성취감을 얻기 위해 지식과 능력이 필요하고, 내적인 적막과 불만을 해소하고 이웃과 조화롭게 지낼 수 있는 내적 성숙이 필요하다. 자신을 통제하고 설득하지 못한다면 긴 생은 끔찍한 짐이요 가혹한 고문이다.

장수시대에 국가의 역할은 무한히 중요하다. 국가는 굳건한 안보 속에 국민의 평화로운 생존을 보장해야 하고 기업과 개인의 원활한 경제활동을 보장해서 경제가 건강한 토양에서 계속 탄력적으로 성장할 수 있게 해야 한다. 그리고 무엇보다 교육의 질을 높여 모든 유소년이 사회를 위해, 그리고 자신을 위해 유능하고 지혜로운 인간으로 성장할 수 있는 바탕을 마련해 주어야 한다. 일방주의적이란 비판을 받고 있는 문재인 정부의 시책들이 이와 완전히 반대의 결과를 낳을 것 같아 시름이 태산이다. 2017/8/1

'헬조선'을
조성하는 인간들

『장군의 꿈 상호존중과 배려』
정두근

군 복무를 2년 내내 지휘관 가족의 몸종, 머슴 노릇을 하다
가 마치는 공관병公館兵들의 사연은 참을 수 없는 분노
를 자아낸다. 이 개명한 시대에 나라의 귀한 아들을 몸종 또는
가축 부리듯 하는 장교, 장군들이 있으니 젊은이들이 이 나라
를 헬조선이라고 인식할 수밖에 없지 않겠는가?

이번에 그 비행이 알려져서 비난 대상이 된 박찬주 육군 대
장의 가족은 새벽 기도에 열심히 출석하는 크리스천이었다는
사실이 더욱 아이러니컬하다. 그들은 예수의 가르침과 자신들의
행위 사이에 아무런 괴리를 느끼지 않았을까? 참으로 어처구니
가 없다. 그리고 상당수 장교, 장군이 수십 년간 그런 비인간적
행위를 해오면서도 한 번도 폭로될까 하는 두려움을 느끼지 않
았을 정도로 우리 군대는 야만이 '정상'인 조직인가?

이번 사건은 단지 일부 지휘관의 비행으로, 또는 공관병 제
도의 문제로 넘겨서는 안 되고 우리 군대 문화의 총체적 문제로
검토하고 근본적으로 수술해야 한다. 아마도 이번 사건은 빙산

의 일각일 듯하다.

2005년에 정두근 당시 육군 소장이 자기 사단에서 '상호 존중과 배려의 병영 문화'를 선포하고 모든 소속 군인에게 병영 내에서 가혹 행위를 금지하는 것은 물론 병사끼리 존대어를 쓰고 경례 후에 따뜻한 인사말을 나누도록 하고, 훈련도 목표를 설명하고 함께 달성하는 기풍을 수립해서 효율성을 크게 높였다. 정 장군은 그 사단에 부임 직후 사단 내에서 가혹 행위가 일어나서 가해자들을 처벌하는 일이 있은 후, 재발 방지를 고심하다가 이 운동의 시행을 결심하게 되었다고 한다.

당시에 군 당국에서 매우 못마땅하게 여겼으나 정 장군은 굽히지 않았고, 전역할 때까지 그가 가는 사단, 군단에서는 이 운동을 벌여서 사병, 장교와 그 가족들을 행복하게 했다. 그러나 그가 퇴임하고 난 후 이 운동은 명맥이 끊긴 것으로 알고 있다. 참으로 아까운 일이다. 정 장군은 사병이 인격체로 존중받는 군대 문화를 위해 존대어 사용의 중요성을 강조한다. 말이 바뀌어야 생각, 행동, 인격, 운명이 순차적으로 바뀔 수 있다는 것이 그의 소신이다.

우리나라 군대는 세계에서 학력이 제일 높은 군대인데 군대 문화는 지극히 비이성적이다. 우리가 그토록 치를 떠는 일제의 잔재인 '군대 문화'를 왜 그리 성역화하는 것일까? 2017/8/8

♣ 이 칼럼이 게재된 후에 당번병 사건(?)은 육군과 박찬주 대장을 흠집내기 위한 현 정부의 기획이라는 지적이 활발히 제기되었다. 필자도 근자에 한 중고교 동창을 50년 만에 만났는데, 공군장성 남편을 일생 내조한 그 동창은 자신과 다른 공군 장교, 장성 부인들은 공관병들을 지극정성으로 챙겼다고 회고했다.

대통령 사과의 의미

「원자력연구」 2017년 1월호
장인순

재인 대통령이 가습기 살균제 피해자들을 청와대로 초청해 그런 피해를 발생하게 한 정부의 과오를 사과하고 재발 방지를 약속했다. 대통령이 국민의 눈물을 닦아주는 감동적인 장면을 보고 왜 불안감이 이는 것일까?

문 대통령 행보의 참으로 많은 부분에서 이전 정부들이 무능하고 부패하고 민생을 등한시했다고 시사하거나 비난하는 정치적 함의가 읽힌다. 가습기 살균제 피해엔 분명 당시 식품의약품안전처의 관리 부실 책임이 크지만 사실 식약처도 개발, 출시되는 수십만 가지 제품을 모두 철저히 검사·검증하기는 역부족일 것 같다. 이번 정부 역시 공무원을 81만 명 보충한다고 해도 행정의 무수한 빈틈을 다 메울 수는 없을 것이다.

문재인 정부 출범 100일 사이에 대부분 국민의 정치적 직관이 놀랄 만큼 신장됐다. 이 정부의 현란한(?) 시책들은 이전 정권들이 4대강 사업으로 우리나라 수자원 관리와 환경을 망쳐놓았고 국정원의 댓글부대 운영으로 국민의 의식을 병들게 했고 공무원을 수십만 늘려서라도 청년 실업자 문제를 해결하려 하지 않았고 비정규직의 정규직 전환을 강행하지 않아 고용 불안을 방치했고 최저임금도 획기적으로 인상하지 않아 빈곤을 고착화했고 최상위계층을 더 쥐어짜서 저소득층에 나눠주려 하지도 않았고, 지속적인 원전 건설로 국민을 방사선 피폭 위험에 노출시켰다고 강변하기 위함이라는 것을 이해하게 된 것이다.

상당수 국민은 이 정권의 장밋빛 약속에 감읍하지만, 다수 국민은 그 겁 없는 정책들의 역효과와 후유증을 근심한다. 가습기 피해자들에 대한 위로는 복지부 국장 선에 위임하고, 대통령 자신은 건보 적용의 대폭 확대를 발표하기에 앞서 건강보험 적용 확대에 따른 보험공단의 부담 증가와 건보 적립금 고갈 시기, 건보 적용 확대와 특진료 폐지 등으로 병·의원이 입을 재정적 타격, 이로 인해 예상되는 의료계 재편 등을 면밀히 따져보라고 지시했다면 국민의 불안이 덜어졌을 텐데. 국고를 이토록 물 쓰듯 하면 이 정권의 임기보다 국고가 먼저 바닥나는 것 아닌지 국민은 걱정한다.

장인순 전 원자력연구소장은 아랍에미리트 국왕이 100년간 쓸 원유가 있는데도 우리 원전을 수입하면서 그 이유를 "자기 손자 세대에는 석유가 고갈돼 다시 낙타를 타고 다니게 될까봐"라고 말했었다고 전한다. 2017/8/15

대통령 발언의
막중함

『줄리어스 시저』
윌리엄 세익스피어

셰익스피어의 『줄리어스 시저Julius Caesar』에서 시저를 암살한 브루투스는 로마 시민들에게 시저가 왕관을 차지하고 독재를 할 것이 두려워 살해했다고 말해서 시민들의 열렬한 환호를 받는다. 그러나 연이어 등장한 안토니는 시저가 얼마나 로마 시민을 사랑했는가를 뜨거운 웅변으로 역설한다. 그러자 이번엔 로마 시민들이 브루투스를 죽이라고 외친다. 지도자의 말이 역사의 물길을 바꾼 예는 무수히 많다.

문재인 대통령의 8·15 경축사를 들으면 1919년 임시정부 수립 후 촛불 혁명까지의 100년간 우리나라는 하나의 국가로 기능하기는커녕 완전히 혼란의 수렁에서 허우적거렸던 것 같은 착각이 든다.

대학 졸업 직후 잠시 기자 생활을 하며 수습기자 초봉으로 1만 원을 받았던 1968년 겨울부터 수습기자 초봉이 100만 원을 넘기까지 반세기 동안 우리가 기울인 각고의 노력과 눈부신 성취가 그토록 하찮은 것이었을까?

문재인 대통령은 세월호 유족들에게나, 영화 「택시운전사」 관람 후에나, 철저한 진상 조사를 약속했다. 세월호 침몰 원인은 ('괴담'으로 잠시 어지러웠지만) 처음부터 명백했고, 구조를 게을리한 관련자 등은 엄벌을 받았고 희생자 유족들에 대한 보상도 이루어지고 있으니, 이제는 유족들이 비극의 그늘을 벗어나 생업 대열에 복귀하게 도와줘야 한다.

광주민주화운동은 37년 동안 진상 조사가 이루어졌고 이제는 실종자, 피해자의 추가 신고도 그친지 오랜데 언제까지 상처를 파헤쳐야 할까? 이제는 더 이상 '한恨'의 포로가 되지 말고 치유와 화합을 도모해야 하지 않겠는가.

대통령의 북핵 관련 인식과 발언 역시 너무도 심각하다. 문 대통령은 자기 나라 국토, 국민이 핵 공격을 받을까 봐 속이 타들어 가는 미국에게 한반도에서 전쟁은 절대 있어서는 안 된다고 (즉 북한은 한반도 밖인 미국을 공격할 수 있지만 미국의 북한 공격은 허용할 수 없다고) 선언했다. 이 말은, 내 동생이 미쳐서 총을 난사하겠다고 날뛰고 있지만 동생이 발포하기 전에는 절대 그 총을 뺏으려 하면 안 된다는 선언이나 다를 바 없지 않은가. 나는 발악하는 동생 앞에 내 자식들을 발가벗겨 내놓으니 너희도 그렇게 하라는 주문은 국제적 고립을 자초하지 않겠는가. 대한민국과 문 대통령이 지켜주어야 할 대상이 김정은 정권인가, 북한의 2천만 동포인가. 2017/8/22

무권유죄無權有罪
유권무죄有權無罪

『카라마조프의 형제들』
표도르 도스토옙스키

人법부가 '권력의 시녀'였던 군사독재시절, 우리는 사법부가 독립성을 얻기를 얼마나 간절히 소망했는가? 그런데 불가능해 보였던 그 일이 6공 때부터 싹을 보여서 근자에 와서는 사법부가 정치적 사건에 지나치게 자율성을 과시한다는 느낌을 받기도 했다. 그런데 지난 금요일의 삼성에 대한 판결을 보면 사법부가 다시 권력의 시녀 되기를 자청한 것 같아 마음이 착잡하다.

유죄가 증명되기 전에는 어떤 피의자도 무죄로 추정하는 것이 함무라비 법전에도 명기된, 만국 공통 법리가 아닌가. 아무리 판사의 직관에 피의자가 권력자의 환심을 사서 덕을 보려고 권력자가 아끼는 사람을 후원한 것 같더라도, 피의자가 자기 희망을 암시한 바 없고 권력자가 알아서 혜택을 준 바도 없다면 '이심전심'에 의한 뇌물로 결론지을 수 없는 것 아니겠는가?

도스토옙스키는 『카라마조프의 형제들Brothers Karamazov』에서 19세기 러시아의 사법 정의를 여지없이 비웃었다. 전국적으로 관심을 집중하게 된 카라마조프가家의 부친 살해 사건에 대해서 검사와 변호사, 판사가 모두 법정에서 기막힌 심리 분석, 사건의 발단과 전개에 대한 추리를 장시간 늘어놓는데, 각자의 목표는 진실 규명이나 정의 실현이 아니고 '어떻게 자기의 추리력과 통찰력을 과시해서 전국적 명성을 얻느냐'이다.

법관도 사람이기 때문에 심리와 판결에 사적인 요소를 완전히 배제하기 어려우니 앞으로는 인공지능AI 로봇에 판결을 맡겨야 하지 않을까 싶다. AI가 이번 사건을 판결했다면 결코 뇌물죄 성립 판정을 내리지는 않았을 것이다. 한명숙 전 총리는 명백한 수뢰죄로 판결했을 것이고, ㈜넥슨 대표의 진경준 검사장 주식 매입 대금 지원은 확실한 유죄로 판결했을 것이다.

이재용 부회장 재판 결과를 보고 청와대를 의식하지 않은 판결이라고 생각하는 사람이 있을까? 이재용이 뇌물 제공으로 유죄판결을 받아 박근혜의 뇌물죄를 성립시켜서 '촛불 혁명'의 정당성이 입증(?)되기를 현 정권이 바라는 것이야 오늘의 기본 상식 아닌가? 게다가 사법부 인사의 모든 불문율을 무시한 김명수 대법원장 후보 지명은 사법부의 간담을 서늘하게 했을 것이다. 사법부는 과연 지난 30년간 힘겹게 이룩한 자율성을 포기하게 되는 것일까? 2017/8/29

1919년 건국 주장,
딴 뜻 있는가?

『백범일지』
김구

배성진 중소기업부 장관 후보자가 대한민국 건국을 1948년으로 인식하고 이승만 대통령과 박정희 대통령의 공적을 높이 평가한 죄(?)로 좌파 진영으로부터 사퇴 압력을 받고 있다고 한다. 요즘 들어 갑자기 제기된 대한민국 건국이 1948년이 아니고 1919년이라는 좌파 진영의 기이한 주장이 평지풍파를 일으키고 있다.

「로미오와 줄리엣」의 주인공 줄리엣은 "장미는 어떤 다른 이름으로 불리더라도 똑같이 향기로울 것이다"고 말했다. 1945년에 외세의 힘으로 식민 지배에서 해방된 우리나라는 극도의 혼란 속에서 국가 경영에 필요한 지식과 기술의 절대부족으로 허덕였다. 그러나 만 3년의 분투 끝에 대강의 질서를 잡고 나라의 기틀을 마련해 어렵게 대한민국을 출범시켰다. 얼마나 감격스러운 일이었는가! 취약점이 너무나 많은 나라였지만 6·25라는 가혹한 시련을 극복하고 절치부심하며 세계가 놀란 '한강의 기적'을 성취하고 국민의 수명을 2배로, 1인당 국민소득을 500배로 늘렸고 세계 12위의 경제 대국이 되었다. 이 가슴 벅찬 역사를 누가 지우고 부인할 수 있는가.

좌파 진영에서 그 설립을 건국이라고 주장하는 임시정부는 국가의 구성 조건인 국민·영토·주권 중 하나도 갖추지 못했고 국제적인 인정도 받지 못했다. 그뿐만 아니라 임시정부의 중추中樞였던 김구 선생의 『백범일지』가 역력히 증언하듯 임시정부는 내부 분열과 불순분자들의 준동으로 인해 숱하게 존립을 위협받았고 단결해서 어떤 목표에 매진할 수도 없었다. 따라서 본국의 국민을 정신적으로 지도하지도 못했고 한국의 처지에 대한 국제적 여론을 일으키지도 못했다.

1919년의 상해 임시정부 설립이 참으로 애달픈 우리 민족의 염원을 담은 역사적인 사건임에는 이론의 여지가 없다. 그러나 임시정부 수립이 곧 대한민국 건국이라는 주장을 외국인이 듣는다면 '그건 이치에 맞지 않는 말That doesn't make sense'이라고 하지 않겠는가. 그것이 대통령의 주장이라고 알려지면 국제무대에서 상식적이지 않은 인물로 인식될 우려도 크다.

혹시나 이 어리석은 논쟁을 북한이, 그들에 동조하는 세력이 나라의 정통성을 임시정부로부터 북한으로 옮기려는 시도라고 의심하지 않도록 이쯤 종지부를 찍어야하지 않겠는가? 2017/9/5

정권의 안전판을
부수려는가?

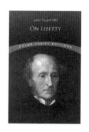

『자유론』
존 스튜어트 밀

 재인 정권 출범 이래 참으로 자주, "이런 일을 감히 할 위
인이라면 어떤 일인들 못 하겠는가?是可忍也 孰不可忍也"라
는 공자의 계 씨(季氏, 당시 노나라의 실권자)에 대한 탄식을 떠올린
다. 국민을 김정은의 핵무기로부터 보호할 사드를 마치 정권 파
괴용 무기인 것처럼 사갈시하고, 발표하는 굵직한 정책들이 거
의 모두 막대한, 그리고 지속적인 국고 지출을 요하면서 효과는
단기적이고 역효과는 오래갈 것들 아닌가. 예상되는 역효과를
전문가들이 누누이 지적해도 한두 가지 정책에 대해 국민 여론
에 따라 결정하겠다는 식으로 반걸음 물러선 것 빼고는 모두 그
대로 강경 시행이다.

　인사는 더욱 두렵다. 도덕성은 물론 전문성이 지극히 부족한
인물들을 기어코 요직에 앉히고 인사를 잘했다고 자찬自讚한다.
행정부 인사도 국민의 기대와 요구를 고려해야 하지만 법관이
나 외교관 인사는 더욱이 인사의 원칙과 관례를 존중하는 것이
국민, 사법부, 상대 국가에 대한 예의이며 또한 안전판이 아닌가.

그런데 요 며칠 사이의 언론계 장악 음모는 조폭 영화를 보는 것 같다. 김장겸 MBC 사장이 고소당한 죄목은 사장의 업무 영역과 무관한 사항들이다. 사실 이번 정권 탄생에 KBS를 비롯한 공영방송, 민방, 케이블방송은 일등공신이 아닌가. 최순실이라는 인물이 알려지기 시작하면서부터 거의 모든 방송이 일제히 최순실 관련 비리를 캐내고 과장하고 조작까지 해서 국민의 분노를 부추겼고 그 결과 박근혜 탄핵과 문재인 집권이 가능했다. 그런데 이 정부가 잘하기만 하면 연일 송가를 부를 그 언론기관 지도부를 왜 복날 개 잡듯 하는가.

독재자는 말할 것도 없지만 민주국가의 대통령도 외로운 자리라고 한다. 따라서 믿고 아끼는 측근들도 해주지 않는 직언을 언론에서 구할 수밖에 없다. 존 스튜어트 밀은 『자유론On Liberty』에서 언론 자유의 효용은 말하는 사람의 권리 존중 차원을 훨씬 넘어 듣는 사람들이 어떤 사안에 대해 다양한 각도에서 검토할 수 있게 하고 그를 통해 최선의 선택을 할 수 있게 하는 것이라고 했다. 언론이 활발하게 제 역할을 할 때 국민은 정부가 독주하지 않을 것으로 믿고 안심할 수 있다. 대통령 역시 언론의 경고를 현명하게 수용하면 충돌 사고, 추락 사고, 폭파 사고를 피할 수 있다. 2017/9/12

사법 판결은
독자적 예술이 아니다

『플로스 강의 물방앗간』
조지 엘리엇

O마도 세계에서 가장 유명한 연극 대사인 "죽느냐, 사느냐 To be, or not to be" 독백에서 햄릿은 죽어버릴까, 그래도 살아야 하나를 저울질한다. 그때 죽으면 안 봐도 되는 사나운 꼴 중 하나로 꼽은 것이 '질질 끄는 소송the law's delay'이다. 영국 문학에는 법에 호소해 정의를 찾으려다가 소송 비용 때문에 파산하고 억울한 판결 때문에 파멸하는 사례가 자주 등장한다.

이번에 대법원장으로 지명된 김명수 후보가 소위 '튀는 판결'에 대해 "법관이 충실 의무를 다하여 내린 결론(판결)이라면 그것이 대법원의 기존 판례나 사회 일반의 생각과 다르더라도 괜찮다. 다르다면 원칙적으로 상고 제도를 통해 시정되어야 한다"면서 법관이 양심에 따라 내린 판결에 대해 튀는 판결이라며 법관을 폄훼하거나 비난해서는 안 된다고 말했다 한다.

요즘 떠도는 인터넷 유머 중에 대부분 '마마 보이'인 초임 법관들이 판결을 앞두고 자기 어머니의 코치를 받는다는 우스개가 있다. 그 어머니가 사려 깊은 사람이라면 조언을 구할 수도 있겠지만 그 우스개의 요점은 힘없는 서민의 운명이 얼마나 하찮게 처리되느냐는 것 아니겠는가. 김명수 후보는 그 뒤는 판결로 일생이 좌우될 원고나 피고의 입장이었더라도 그 판결에 토를 달지 않았겠는가? '억울하면 항소하라'가 정답인가? 더구나 상고심 허가제까지 도입하겠다면서?

조지 엘리엇의 소설 『플로스 강의 물방앗간The Mill on the Floss』에 나오는 털리버는 선대로부터 물려받은 물방앗간의 수리권水利權을 침해당하게 되자 빚을 끌어다 소송을 벌였다가 패소한다. 가재도구까지 경매에 부쳐져 채권자들에 대한 법적 변제는 끝났으나 자기 때문에 손해를 본 채권자들 생각에 한시도 마음이 편치 못하다. 털리버는 물방앗간을 차지한 상대편 변호사 웨이켐 밑에서 관리인으로 일하며 가족을 부양한다. 몇 년 후 아들이 그의 채무를 다 갚아주던 날 털리버는 웨이켐을 채찍으로 미친 듯이 후려친다. 그 채찍질에 웨이켐은 약간의 상처를 입었을 뿐이지만 소송으로 이미 심신이 피폐한 털리버는 몸져눕고 결국 세상을 뜬다.

김명수 후보가 법관의 이념과 재량을 국민의 피눈물보다 중시한다면 패소자를 무작위로 10명만 만나보길 바란다. 2017/9/19

학자적 발언의 가치는
얼마?

『양의 노래』
가토 슈이치

지난 6월, 북핵 위기가 나날이 심각해지는데 문정인 대통령 통일외교안보특보가 미국에서 한·미 동맹을 위태롭게 하는 발언을 서슴지 않아 많은 국민을 경악케 했다. 얼마 후 귀국한 그의 일성一聲은 변명이나 해명이 아니고 '학자로서 학술대회에서 한 말을 갖고 왜 야단들이냐'는 것이었고 연이어 '(특보는) 돈도 조금밖에 안 주면서'라는, 귀를 의심하게 하는 말이었다.

대통령이 '특보' 자리를 최저가 입찰자에게 맡긴 것일까? 특보의 봉급이 얼마나 하찮기에 해외에 나가서 학자의 입장만 인식하고 특보의 신분은 망각하는 것일까? 통일외교안보특보는 전국을 샅샅이 뒤져서라도 키신저나 브레진스키급級 브레인을 등용하고 그에 걸맞은 보수를 지급해야 하는 것 아닌가? 안보에는 절약이 자살 행위일 수도 있다.

문 특보는 최근 송영무 국방장관이 김정은 참수 작전 가능성을 언급하자 이를 질책했다. 마치 김정은을 우리 대통령과 똑

같이 예우해야 한다는 말처럼 들리기도 했다. 이에 대해 송 장관이 "학자 입장서 떠드는 문정인, 특보 같지 않아 개탄"스럽다고 반발했다. 이 말에는 학자란 현실도 모르면서 헛소리나 해대는 바보라는 전제가 깔려있다. 그러나 송 장관의 발언은 모든 학자를 격하할 취지에서 했다기보다는 문 특보를 더 심한 말로 비난하고 싶은 것을 참고, 나름 누그러뜨려 표현한 것이리라. 표현이 거칠기는 했지만 몹시 절박한 절규 같은 그 발언에 대해 송 장관은 청와대로부터 경고 조치를 당했다고 한다. 이제 청와대와 행정부 내에서 누가 감히 문정인 특보의 안보관에 이견을 말하겠는가?

일본의 작가이며 문학·문화비평가인 가토 슈이치는 자서전 『양¥의 노래』에서 자신의 대학 시절을 암울하게 했던 태평양 전쟁에 대해 회고한다. 당시 모든 각료나 장성이 군국주의자는 아니었는데 어전회의 등에서 강경파만 큰소리를 내고 확신에 찬 주장을 했고 전쟁에 회의적이었던 각료들은 침묵했기 때문에 승산 없는 전쟁이 끝없이 확대되었다고 술회한다. 그 침묵의 대가로 일본은 인류사적 중죄인이 되었고, 지구상에서 사라질 뻔했다.

집권 세력 내부의 조율 기능이 완벽해져 '실세'의 말씀에 '들러리'들은 고분고분 추종만 하는 정부가 가장 모범적이고 효율적인 정부일까? 2017/9/26

천냥 빚 갚을 기회를
왜 버리나?

『보병과 더불어』
유치환

□ 재인 대통령은 9월 21일 유엔 총회에서 연설하면서 한
국은 어려울 때 유엔에서 많은 도움을 받았다고 말했다.
그러나 한국전 당시에 신속한 파병으로 한국의 독립을 지켜 준
16개국에 대한 감사는 표하지 않았다.

　문 대통령은 이 당연하고도 손쉬운 언급을 실수로 빠뜨렸
을까? 나에게는 그 대목에서 문 대통령의 표정이 순간적으로
마치 비난을 받더라도 원치 않는 말은 안 하겠다는 듯 상기되
고 경직되는 것 같아 보였는데 문학도의 지나친 민감성이었을
까? 그리고 이어서 한국이 신속히 어려움을 극복하고 원조국
의 대열에 들어섰다는 자랑으로 넘어갔다. 특정 의제를 논하는
회의였더라도 우리 국가원수가 유엔에서 발언을 할 때는 우리
를 위해 피를 흘려 준 우방에 대한 감사로 서두를 여는 것이 예
의가 아니겠는가. 그런데 세계의 국가원수들이 평화 공존 의지
를 표명하는 의식적인 자리에서 참전국에 대한 인사를 누락한
것은 그 나라들과의 유대를 손상하는, 몹시 현명하지 못한 처

사가 아닐 수 없다.

필자는 어느 국제 행사에서 아버지가 한국전에서 전사해서 어머니가 자기들 4남매를 키우느라 고생이 많았다는 내 동갑의 미국 여성을 만났을 때 참으로 죄스러웠다. 터키에 갔을 때 한 전통시장의 상인이 자기가 한국전에 참전했었다면서 자기는 차범근의 열성팬이라고 하는 말을 듣고 그가 차범근을 있게 해준 사람인 듯이 고마웠다. 끊임없이 행해지는 무자비한 숙청 이야기, 기근과 폭압과 착취로 유전자까지 변형되어 강인한 백성이 열등 민족으로 추락할 지경에 이른 생지옥 북한의 실상을 듣고도 우리나라를 지켜준 우방들에 감사하지 않는 대한민국 국민이 있을까?

한국전 당시 피란민의 정경을 유치환은 이렇게 읊었다.

차거이 빛나는 동지冬至의 창망한 바닷물이 다달은 거리/ 그 거리의 한복판 대로 위에/ 쓰레기같이 엉겨든 사람의 이 구름을 보라/ 저마다 손에 손에/ 일찌기 제가 아끼고 간직하고 입고 쓰던 세간이며 옷이며 신발이며/ 능히 돈으로 바꿀 수 있는 게라면 여편네의 속속것도/ 자랑도 염치도 애착도 깡그리 들고 나와 파나니…'(「배수背水의 거리에서」)

대통령 뿐 아니라 우리 국민이라면 누구나 우리를 그 폐허에서 비상飛上하게 해준 우방의 참전 용사와 그 후손이 우리의 번영을 늘 기뻐하게끔 마음을 써야 하겠다. 2017/10/3

'책임'은
기호품이 아니다

『분별력과 감수성』
제인 오스틴

가끔 누구에게 어떤 선택을 권하면서 "실패하면 내가 책임 진다"고 거침없이 말하는 사람들을 보면 등골이 서늘해 진다. 남의 앞날을 좌우하는 사안에 '책임을 지겠다'는 장담은 사실상 무책임의 극치이다.

요즈음은 대부분 연애결혼을 하지만 20~30년 전만 해도 중매결혼이 많았는데 당시는 결혼의 실패는 여성에게는 파멸과 다름없었다. 그런데 그 시대에 중매를 하면서 "이 신랑감은 내가 보증한다"고 큰소리치는 중매쟁이들이 있었다. 그러나 그렇게 결혼을 성사시킨 신랑감이 폭력 남편, 또는 결혼 사기범이라 해도 중매쟁이가 책임질 방도는 없었다.

김정일에게 거액을 지불하고 정상회담을 얻어낸 김대중 전 대통령은 북한은 절대로 핵을 개발하지 않을 것이고, 만약 개발한다면 자기가 책임지겠다고 장담했다. 그러나 김정일이 그 돈으로 개발한 핵무기가 지금 5천5백 만 남한 국민의 목숨을 겨누고 있는데 김 전 대통령은 책임을 질 수 없는 곳에 있다.

얼마 전에 박원순 시장이 한 서울시 공무원이 과중한 업무를 견디다 못해 자살한 데 대해서 "제 책임입니다"고 말했다. '내 책임은 아니다'는 것보다야 낫지만 그는 어떻게 책임을 질 생각일까? 책임지는 훌륭한 모범을 보여주기 바란다.

문재인 정부는 아직 출범 반년도 되지 않았는데 발표하는 주요 정책들이 대체로 우리의 안보를 위태롭게 하고, 우리 경제를 치명적으로 위축시킬 정책들이다. 이 정책들의 문제점이 거듭거듭 상세히 지적되었건만 문 대통령은 아랑곳하지 않는 모습이다. 이 정부의 정책으로 안보가 파괴되고 경제가 타격을 입는다면 어떻게 책임을 지겠다는 언급조차 없다. 그는 대통령은 정책 수립과 시행을 지휘하는 사람이고 결과는 국운일 뿐이라고 생각하는 것일까?

제인 오스틴의 소설 『분별력과 감수성 Sense and Sensibility』의 남주인공 에드워드는 젊어서 성급한 판단으로 약혼한 루시라는 여성의 천박하고 이기적인 성품을 감지하고 낙망하지만 신사로서 약속을 어길 수가 없어서 죽기보다 싫은 결혼을 하려고 한다. 영국 '신사' 노릇이 어려운 것은 신사는 목에 칼이 들어와도 자신의 언약에 책임을 져야 하기 때문이다.

대통령직의 권리에만 책임이 수반되지 않는다면 대통령 노릇이 신사 노릇보다 쉽지 않은가? 2017/10/10

이런
험악한 평화도 있나?

『1984』
조지 오웰

문재인 대통령은 지난달 유엔총회 연설에서 '가장 평화롭
고 아름다운 방법으로 민주주의를 성취한' 한국의 촛불
혁명이야말로 유엔의 정신을 가장 잘 구현한 예라고 단언했다.
또한 유엔의 정신은 '사람을 근본으로'하는 한국 새 정부의 슬
로건과 일치한다고 주장하기도 했다.

그 자리에 혹시 촛불 광장에 있었던 해괴한 그림, 폭력적 구
호, 인격말살적 개그와 퍼포먼스 등을 목격한 사람들이 있었다
면 고개를 저었을 것 같다.

'촛불 혁명'으로 집권한 문재인 정부의 정책들과 그 시행 방
법은 대부분 지극히 비평화, 비민주적이다. 최저임금의 강제적
대폭 인상, 청천벽력 같은 탈원전 정책, 비정규직의 정규직화 강
요, 81만 개 공무원 일자리 증설 등 간 큰 정책들이 국민과의 협
의 과정 없이 일방적 공표 후 강행되어서 일반 국민에게는 폭압
적으로 느껴진다. 수천 명의 제빵사를 정규 직원으로 고용하라
는 명령은 파리바게트에 최악의 독재로 느껴지지 않았을까? 새

정부는 우리나라 경제를 파괴할 이런 강압적 시책들도 모두 아름다운 평화로 간주하는 것일까?

이 정부는 왜 이 국가 비상시에 안보에 총력을 집중하지 않고 정신없이 사방으로 주먹을 날리는 것일까? SBS는 어떤 방법을 동원해서 '상납'을 받아냈는지 모르겠으나 KBS와 MBC는 이미 '문비어천가'를 부르고 있음에도 사장을 갈아치우기 위해 노조원들이 구여권 추천 이사들에게 온갖 종류의 폭압을 행사하고 있다. KBS 강규형 이사에게는 뒷조사, 협박 등으로 사퇴를 받아내지 못하자 지난달 20일 KBS 제2 노조원 수십 명이 집단으로 강 이사를 에워싸고 몸으로 밀고 조이고 눌러 상해를 입혔다. 문화혁명의 서막을 보는 듯했다.

수갑에 묶인 채 호송 버스의 계단을 위태롭게 오르내리는, 완전히 넋이 나간 듯한 박근혜 전 대통령의 모습은 한때 그녀의 실정을 혐오했던 사람에게도 애처로움을 자아낸다. 이 정부가 60대의 여성 전직 대통령을 구속 상태에서 일주일에 네 번 하루 10여 시간씩 재판하는 이유는 '사람을 근본으로' 하는 정부라서 국가 시설에서 식사와 잠자리, 출두의 편의를 제공하기 위해서인가?

이 정부의 평화는 오웰의 장편 『1984』에 나오는 평화보다 한층 포괄적으로 반어법적인 어휘인 모양이다. 2017/10/17

사법부의
미라 제조 실험

『철가면』
알렉상드르 뒤마

어렸을 때 어머니가 사주신 어린이세계문학전집 가운데 『철가면The Man in the Iron Mask』이 있었다. 지금 생각하면 어린이용으로는 매우 부적절한, 무시무시한 음모 이야기였는데, 대개 이런 내용이었던 것 같다. 프랑스 왕에게 아무도 모르는 쌍둥이 동생이 있었는데, 혹시 국민이 그가 정당한 왕위 계승권자라고 할까봐 철옹성 같은 감옥에 철가면을 씌워 20여 년을 감금해 놓았다는.

사람이 수십 년을 첩첩 감방 속에서 쇳덩어리 가면을 쓰고 산다는 생각만으로도 어린 마음에 소름이 끼쳤고, 더위에 약한 나는 철가면 속에서 땀이 철철 흐를 때는 어떻게 했을까, 가면 속에서 살이 짓무르고 썩지 않았을까 하는 생각에 오금이 저렸다. 그런데 얼마 전부터 수갑에 묶여서 탈진한 모습으로 법정을 오가는 박근혜 전 대통령 얼굴이 어쩐지 철가면의 수인囚人을 연상케 했다. 집권 세력의 경계심 때문에 세상에서 격리되었고 얼굴에 인간의 감정을 나타낼 수 없는 수인이라서.

물론 박 전 대통령이 평범한 여인이었다면 자기의 처우에 대해 통곡하며 원망도 하고 호소도 했을 수 있다. 그러나 탈진한 얼굴로 수갑을 차고 높은 호송차 계단을 오르다가 떨어져서 호송원이 엉덩이를 밀어 올려 탈지언정 석상 같은 얼굴로 일절 불평이나 하소연을 하지 않는 그 자제력이 고맙다. 박 전 대통령을 열렬히 지지한 적은 없고 그가 신뢰했다는 최순실의 사진을 처음 보고 오장육부가 뒤집힐 정도로 격분했지만.

박 전 대통령 구속 연장 소식을 듣고 과연 저 여성이 구금 생활과 살인적 재판 일정을 6개월 더 견딜 수 있을까 하는 생각이 들었다. 나에게는 명백한 중환자로 보이는데 재판부 눈에는 '철의 여인'으로 보이는 것일까?

지금 박 전 대통령은 역류성 식도염 때문에 구치소에서 지급하는 식사의 3분의 1밖에 먹지 못한다고 하는데, 그러면 체력과 신체 기능의 극심한 저하가 올 수 있다. 부신피질호르몬 분비 저하 증세도 의심되는데, 이는 급성 저혈압에 따른 돌연사를 유발할 수 있는 질병이라고 한다. 그리고 날이면 날마다 10여 시간씩 앉아 있어야 하면 허리가 견딜 수 없다.

가만히 서 있기도 힘겨워 보이는 60대 여성이 도주 우려가 있어서 구속을 연장한다니, 웃어야 하나 울어야 하나? 2017/10/24

자아실현의
명암

『나를 지키며 일하는 법』
강상중

재일 한국인으로 일본에서 크게 '출세'한 지식인으로 강상중 교수가 있다. 이런저런 매체에서 강 교수를 접할 때마다, 도쿄대학 정교수 지위에 이르기까지 얼마나 고단하고 힘겨운 투쟁을 해야 했을까 하는 생각에 안쓰럽다.

그런데 그의 최근 저서 『나를 지키며 일하는 법』에서 그는 구직난으로 고통 받는 (세계의) 젊은이들에게 "자아실현에 목매지 말라"고 충고하고 있다. 와세다대학 출신으로 도쿄대학의 정교수가 되기까지 곁눈질 한번 안 하고 외길로 매진했을 것 같은 강 교수다. 그런데 그가 젊은이들에게 "한 가지 일에 전부를 쏟아 부어 스스로를 궁지로 내몰지 않는 것이 중요하다"고 지적하면서 "한 우물만 파다가 구멍이 막히면 낭패가 크므로 여러 가능성을 열어두고 다양한 관심을 개발하고, 자신을 멀리서 관찰하는 마음의 여유를 갖기"를 권한다.

자아실현. 한국인에게는 얼마나 만감을 자아내는 말인가? 민주 국민이 되고 나서도 처음엔 먹고살기에 급급해서 자아실현은 사치였고, 웬만큼 살 만해진 뒤에도 내 앞날을 부모가 정해 주었다. 내 배우자를 내가 선택하겠다면 불효 아니었던가. 여자는 출가하면 '벙어리 3년, 귀머거리 3년, 봉사 3년'으로 살았던 것이 먼 옛날은 아니었다.

자아실현이란 내가 설계한 인생을 살면서 내 능력을 개발해서 내 인생을 나에게 즐겁고 남에게 쓸모 있게 만들자는 이상인데, 우리에게는 오랫동안 값비싼 외제 물건 같은 것이었다. 그러다가 문득 자아실현이라는 단어가 여기저기서 솟아나더니 어느 틈에 자아실현이 모든 사람, 적어도 모든 청춘의 목표이자 과제처럼 되었다. 여기에는 저서로, 「청춘 콘서트」라는 이름의 강연으로, 자아실현을 전도한 인물들의 역할이 컸다.

나 역시 모든 국민이 자아를 실현하기를 간절히 바라지만 취업조차 어려운 현실에서 젊은이들이 자아실현을 추구하다가 좌절할까봐 근심된다. 세상은 장애와 장막이 너무 많은데 자아실현을 반드시 해야 실패한 인생이 아니라고 생각한다면 자기 비하와 절망을 피하기 어렵지 않겠는가. 자아실현을 모색하는 사람이 많은 사회는 발전하고 생동적인, 동시에 고뇌가 많은 사회다. 반면 사람들의 꿈이 소박한 사회는 편안하고 안정적인 사회다. 2017/10/31

핵무기만
두려운 것이 아니다

『등나무집』
성혜랑

『등나무집』은 올해 초 말레이시아 공항에서 이복동생 김정은에 의해 비참하게 살해당한 김정남의 이모 성혜랑의 회고록이다. 김정일-성혜림-김정남의 기이한 가족사도 상당히 흥미롭지만 정작 중요하고 의미 있는 것은 성혜랑·성혜림 자매 집안의 3대에 걸친 가족사이다. 두 자매의 조부모, 부모의 생애를 통해 격변기 우리 민족의 의식이 형성된 여건들을 조망할 수 있고 공산주의의 생리를 충격적으로 경험할 수 있다.

아들이 아내의 편을 든다고 아들을 때려서 죽게 한 남편에게서 독립하려고 필사적으로 노력했던 외할머니. 여자들이 자기 어머니 같은 삶을 살지 않는 세상을 동경해서 공산주의를 영접하고 공산주의 세상을 실현하기 위해 혼신의 힘을 다해 공산 정권을 받들었던 어머니. 그리고 대지주의 후예인 아버지는 상속받은 토지를 모두 소작인에게 나누어주어 공산주의를 실천한다.

처음엔 문재文才가 뛰어난 어머니가 로동신문을 혼자 집필,

편집하다시피 하면서 공산주의의 귀한 일꾼으로 칭송과 영예를 누렸고 아버지도 김일성에게 모범적 사상가로 치하를 받았지만 공산당 세력 중심에서 차츰 밀려나서 어머니는 거듭 실질적인 강등을 당하고 아버지는 '지주 출신'이라는 낙인을 떨쳐낼 수가 없다.

몇 십 년을 공산주의를 위해 뼈 빠지게 헌신했던 성혜랑의 어머니는 노년에 6시간을 혼자 무대에 세워져 '자아비판'을 강요받았다. 그리고 끼니조차 불안해졌다. 시동생의 친구였던 김정일이 자기 여자로 불렀을 때 성혜림은 거절할 도리도 없었지만 부모를 곤궁과 박해에서 구하기 위해서 수락한다. 김정일과의 사실혼은 성혜림을 신경증에 시달리게 했고 김정일이 애지중지한, 둘 사이의 아들 김정남은 결국 아버지에게서 버림을 받았다.

국정원이 국회에 보고한 바에 의하면 김정은이 노동당 간부들의 본보기식 숙청—처형을 다시 시작했다고 한다. 그 간부들은 야심에서였건 충성심에서였건 공포심에서였건 얼마나 절대적인 충성을 바쳤겠는가.

그런데 우리나라는 왜 그토록 조악하고 야만적인 정권의 눈치를 보며 비위를 맞출까? 우리 사회가 북한을 닮아 갈까 봐, 북한의 세력권에 들어갈까 봐, 친북 세력의 약진이 두렵고 두렵다. 2017/11/7

바늘방석 위의
북한 동포

『이반 데니소비치의 하루』
알렉산드르 솔제니친

"모든 자에게서 그의 능력만큼, 모든 자에게 그의 필요만큼"이라는 마르크스의 구호는 20대의 나에게 위대한 시詩였다. 그런데 얼마 후, 혹시 내가 발휘하고 싶은 능력과 국가가 나에게서 요구하는 능력이 다르고, 국가가 내게 필요한 것이라고 생각해 지급하는 것과 내가 진정 원하는 것이 다르다면? 하는 생각이 들었다. 공산국가에서 개성과 개인적 기호가 존중받을 수 있을까?

지난 7일은 러시아 공산혁명 100주년 기념일이었다. 한 세기의 참혹한 실험이었다. 소련 시절 고단한 삶을 달래는 유머 하나: 브레즈네프가 어떤 공장을 시찰하러 갔는데 한 여성 노동자가 그에게 달려갔다. "서기장 동지, 제가 동료들하고 이걸로 내기를 했는데, 사회주의는 철학입니까, 과학입니까?" 브레즈네프는 친절하게 답했다. "사회주의는 철학입니다." 여성 노동자는 의기양양해졌다. "그렇지요? 내가 동료들한테 사회주의는 철학이라고, 과학이라면 동물들한테 먼저 시험했을 거라고 말해줬답니다."

또 하나 유머: 소련 사람에게 최고로 행복한 순간은? "꼭두새벽에 누가 자기 오두막 문을 요란하게 두드려서 문을 여니까 '이반 이바노비치, 너를 체포한다'고 하는 KGB 요원들에게 '그 친구, 옆집 살아요'라고 말해줄 때".

공산주의 실험의 마지막 현장인 북한에서 우리 동포는 언제 자아비판을 강요받고 수용소에 끌려갈지 몰라 가시방석의 삶을 살고 있거나 지옥의 수용소에서 고문당하고 굶고 있다.

알렉산드르 솔제니친이 체험을 바탕으로 쓴 소설 『이반 데니소비치의 하루 One Day in the Life of Ivan Denisovich』에서 주인공 이반은 2차 대전 중 독일군의 포로로 잡혔다가 탈출했으나 독일 스파이로 의심을 받아 10년 강제노동형에 처해져 영하 35도의 수용소에서 복역한다(스탈린은 자유세계를 경험한 군인들을 이런 식으로 사회에서 격리했다). 이반은 소설 속의 하루를 마치고, 그날 아침에 아팠으나 숨 가쁘게 일하다 보니 통증을 잊을 수 있었고, 집에서 소포가 온 동료에게서 비스킷 한두 개와 소시지 한쪽을 얻어먹었고, 귀한 담배를 한 대 피울 수 있었고, 혈관을 얼리는 속옷 바람의 몸수색도 무난히 치렀고, 자기 팀의 작업성과가 좋아서 밥을 넉넉히 먹었으니 거의 완벽한 하루였다고 기뻐한다. 서울에서 24마일(약 38㎞) 북쪽, 우리 동포의 오늘 하루는 어떠할까? 2017/11/14

필사적 자해 행위,
그 종말은?

『마농의 샘』
마르셀 파뇰

프랑스 작가 마르셀 파뇰의 1952년 소설 『마농의 샘 Manon of the Springs』의 주인공 세자르(별칭 파페)는 자기를 버리고 이웃 마을 남자와 결혼한 옛 애인 플로레트의 소유지가 못 쓸 땅으로 헐값에 처분되도록 하려고 그 땅의 젖줄인 샘을 막아버린다. 자기 조카가 그 땅을 사들여 화훼 농업을 하도록 돕기 위해서였다.

그러나 플로레트의 척추 장애인(이른바 꼽추) 아들 장은 어머니에게서 받은 땅을 낙원으로 가꾸려고 그곳으로 이주한다. 무한한 정성을 기울여 아름다운 농장을 만들지만 날이 가물면 아내와 어린 딸까지 나서서 한 시간 거리의 이웃 마을 샘에서 하루 6~7회씩 물을 길어 날라야 한다. 장이 땡볕에서 그 죽을 고생을 하는 것을 보고도 세자르는 자기가 막은 샘을 일러주지 않는다. 장은 결국 우물을 파려고 바위를 폭파하다가 바위 파편에 맞아 목숨을 잃는다. 여러 해 뒤, 세자르는 플로레트가 자기를 배반한 것이 아니고, 자기 아이를 임신했는데 자기가 전쟁에 나가서 연락이 끊어지니까 배 속 아이를 사생아로 만들지 않으려고 이웃 마을 남자와 결혼했다는 사실을 알게 된다. 자기가 죽인 것이나 다름없는 장이 친아들이었던 것이다. 옛 애인에 대한 회심의 복수가 자기의 유일한 혈육을 죽인 자해 행위였다.

절치부심해서 필사적으로 이루어 낸 보복이 결국 자해 행위가 되어버리는 일은 인간사에서 결코 드물지 않다. 우리 국민은 정권이 바뀔 때마다 그런 자해 행위의 관객이 된다. 갖가지 명목으로 불렸던 이 가해-자해 행위는 역대 정부 초기의 필수 코스였지만, 이번엔 특히 맹렬하고 살벌해서 국민을 심란하고 개탄하고 분노하게 하고 있다. 그런데 국민에게는 명백히 자해로 귀결되리라고 내다보이는 일이 정권 주체들에게는 안 보이는 모양이다.

문재인 정부의 '적폐 청산'이라는 칼춤은 온 나라를 들쑤시고 뒤엎어 놓는다. 그런데 적폐 청산이 나라의 존립과 국민의 생명이 위협받는 상황보다 더 시급한 일인가? 국민의 혼을 빼서, 원전 건설 중단 같은 위법·탈법이 분명해 보이는 이 정부의 여러 시책과 방송 장악 강행에 대한 비판을 질식시키려는 것일까? 이 정권의 한풀이 칼날에 안보와 외교, 경제와 사회 안정이 동강동강 잘려 떨어지는 소리가 들리는 것 같아 소름이 돋는다. 2017/11/21

그림 하나가
대수이겠냐고?

『**오만과 편견**』
제인 오스틴

저|인 오스틴 소설 『오만과 편견 Pride and Prejudice』에서 엘리
자베스는 외숙부, 숙모와 여행을 하다가 우연히 지나게
된 다아시의 저택을 보고 그의 구혼을 모질게 거절한 것에 대
해 후회 비슷한 마음이 든다. 그것은 그 저택의 부동산 가치 때
문이 아니고, 위풍당당하지도 않고 과시적인 치장도 없이 자연
과 편안한 조화를 이룬 저택을 보니 다아시가 자기가 생각했듯
거만하고 배려심 없는 인간이 아닐지도 모른다는 생각이 들었
기 때문이다.

제인 오스틴이 살던 시대는 오래된 장원莊園을 리모델링하는
것이 유행이었다. 대부분 돈을 처들여 요란하고 천박하게 고치
고 치장해서 그 장원의 유서와 정감을 말살하곤 해서 오스틴의
개탄을 샀다. 다아시의 저택은 내부 역시 과시적 요소가 배제
된 절제되고 품격 있는 공간이어서 엘리자베스는 다아시를 다
시 보게 된다.

문재인 대통령이 청와대 본관 접견실에 「촛불」이라는 가로

11m 세로 3.6m의 대형 그림을 걸었다고 한다. 그 속에는 촛불 광장의 수많은 피켓이 그려져 있는데 인터넷에 비스듬히 비친 사진으로는 '재벌총수 구속하라'와 '탄핵' '박근혜' 정도의 구호가 보였고 커다란 면도칼이 뚜렷이 보였다.

문 대통령은 그 그림이 "우리 정부 정신에 부합하고 정말 좋아" 보여서 걸었다고 했다니 문 대통령의 인품과 안목을 반영하는 그림임이 틀림없을 것이다. 그러나 대통령은 청와대의 주인이 아닌 세입자로서 청와대를 치장할 때 자신의 취향보다는 국가의 이미지와 품격, 그리고 그림이 보는 사람에게 야기할 심리적 반응을 우선적으로 고려해야 한다. 문 대통령은 그 그림이 걸린 방으로 재벌 총수들을 불러 생맥주를 따라주면서 투자를 더 하고 고용을 늘려서 우리 경제를 살려달라고 부탁할 작정인가? 외국 경제사절단을 그 방에서 접견하면서 우리나라의 경제가 튼튼하니 투자하면 절대 안전하다고 보증할 심산인가?

현대그룹의 고 정주영 회장은 1970년대 초에 박정희 전 대통령으로부터 "조선업을 하라"는 난감한 명령성 권유를 받고 거북선이 들어 있는 지폐 한 장을 가지고 유럽에 가서 우리나라가 최고의 조선造船 국가가 될 수 있는 나라임을 입증해 차관을 받고 선박을 수주했다고 한다. 괴기한 분위기의 촛불 그림은 우리나라를 어둠이 지배하는 나라로 인식되게 할까 두렵다. 2017/11/28

불명예스러운
고립

『바람과 함께 사라지다』
마거릿 미첼

마거릿 미첼의 소설『바람과 함께 사라지다 Gone with the Wind』
에서 남 주인공 레트 버틀러는 미국 남부 전통 사회의 신
사도, 격식, 품위 따위를 모조리 비웃는 '파락호'로 악명 높다.
남북전쟁이 임박한 어느 날, 남부 '신사'들은 "북부의 '상놈yankee'
들이 남부에 도전하면 보기 좋게 한 방에 나가떨어질 것"이라고
큰소리를 쳐댄다. 그러자 버틀러는 신사들에게 "남부는 북부의
상대가 되지 못한다"고 여러 현실적 상황을 들어 반박해 그 자
리에 있던 신사들의 격분을 산다. 그러나 그는 막상 전쟁이 발
발하자 링컨의 해안 봉쇄naval blockade를 뚫는 용감한 선장으로
일약 남부의 영웅이 된다. 물론 그가 군수물자나 생필품보다 사
치재를 들여와 떼돈을 번다는 수군거림도 있다.

해안 봉쇄는 고대부터 수많은 전쟁에서 적국의 숨통을 조이
기 위해 사용된 기본 전술이었다. 나폴레옹 전쟁에서 프랑스와
영국은 서로 해안 봉쇄령을 발동했는데, 손해를 더 본 쪽은 나
폴레옹의 프랑스라는 것이 역사의 판정이지만 영국도 후유증을

오래 앓았다. 국토에 비해 농지가 적었던 영국은 프랑스에서 수입하는 곡물에 크게 의존했는데, 대륙에서 곡물을 수입할 수 없게 되자 지주들에게 늪지를 말려 농지로 개간하라고 권장했다. 그 어마어마한 경비에 대한 보상으로 '곡물법'을 제정해 곡물 가격이 어느 수준에 이르기 전에는 곡물 수입을 금하기로 약속했다. 그에 따른 높은 곡물가 때문에 기아에 허덕이는 노동자들의 폭동이 빈발했다. 이 악명 높은 곡물법은 30년 이상 존치되면서 영국의 사회 갈등의 으뜸 원인이 됐다.

우리나라도 북한에 대한 해안 봉쇄에 참여할 것이라는 송영무 국방장관의 국회 답변에 청와대가 즉각 송 장관의 개인적 견해일 뿐이라고 해명했다고 한다. 현 상황에서 북한 핵의 가장 확실하고 직접적인 예상 피해자는 대한민국이니 한국 정부는 대북 경제 제재, 한·미 항모 훈련 등 북한 옥죄기를 주도해야 할 텐데 어째서 국제 공조에 동참하는 것조차 회피하는 걸까. 내 자식 때리는 남의 자식을 감싸는 것은 숭고한 박애정신일 수 있다. 그러나 내 나라를 파괴하고 내 국민을 몰살하려는 국제 무법자를 옹호하고 원조하려는 것은 미덕이 아니라 죄악·반역임을 우리 위정자들은 어째서 모를까. 2017/12/5

동족에게
쫓기는 사람들

『개선문』
에리히 마리아 레마르크

지난 2~3개월 동안 KBS의 강규형 이사가 당하는 핍박을 보면서, 한 사람이 다수에게 이런 탈법적인 박해를 당하는데 공권력이 어떠한 보호 조치도 취하지 않고 어떤 당국자도 가해자들에게 자제를 요구하지 않는 것이 너무 놀라웠다. 이 나라가 국민 보호 의무를 수행할 의지가 있는 나라인가?

KBS 제2 노조원들은 강 이사의 가정과 직장에 몰려가 비방하며 사임을 요구하고, 심지어 강 이사를 수십 명이 에워싸고 떠밀기, 조이기 등의 준폭행조차 서슴지 않았다. 강 이사가 재직하는 학교에도 KBS 이사직을 자동 상실하도록 그를 파면 또는 해임하라는 압력을 넣고 있다고 한다. 그러다가 마침내 MBC 노조원들까지 학교와 KBS로 찾아가서 강 이사의 사퇴를 요구한다는 소식을 듣고 소설 『개선문Arch of Triumph』의 주인공 라빅이 떠올랐다.

라빅은 유대인 도주를 도왔다는 이유로 나치 비밀경찰에 잡혀가 흉악한 고문을 받는다. 친구들이 그의 눈앞에서 고문으로 얼굴이 뭉개지고 뼈가 부러지고 내장이 망가져 죽고 애인은 자살했다. 그는 시민권을 박탈당하고 여권도 몰수당해서 무국적자, '법적인 무존재'가 된다. 파리로 피신해서 기술이 부족한 의사들을 대신해 대리 수술을 해 주며 목숨을 이어가지만 그는 언제고 검문에 걸리면 감옥에 가거나 추방당할 처지이다. 즉 그는 디디고 설 땅이 없다. 숨어 사는 처지이지만 자기 친구들을 잔혹하게 죽이고 애인을 자살에 이르게 한 게슈타포 요원 하케를 찾아내 복수해야 한다는 강박에 쫓긴다. 그는 요행히 복수에 성공한다. 하지만 검문에 걸려서 집단수용소행 트럭에 실린다. 라빅은 외국에서 의술로 거의 매일 죽어가는 사람을 살리면서도 자기 나라에서 버림받았기 때문에 쫓길 수밖에 없고, 강규형 이사는 공영방송의 발전을 위해 성의를 다하고도 자국 안에서 비국민처럼 쫓기는 처지이다.

문재인 대통령은 영흥도 낚싯배 사고 희생자들을 위해서 청와대 비서관들과 함께 한 번, 각료들과 함께 또 한 번, 묵념하면서 그런 사고는 모두 국가 책임이라고 말했다. 가해자의 부주의로 인한 사고에도 국가의 책임을 통감하는 정부가 국민의 인권이 무도하게 짓밟히는 상황은 어째서 외면하는가. 공영방송이 폭압으로 '정상화'를 이루면 과연 '정상'적인 방송을 할 수 있을까? 2017/12/12

한 처량한
과객

『그대 다시는 고향에 가지 못하리』
이문열

　　⎯⎯　十樹下三十客/ 四十家中五十食/ 人間豈有七十事/ 不如歸家三十
　⎯⎯⎯▲食(스무나무 아래 서러운 나그네/ 망할 놈의 집에선 쉰 밥을 주
는구나/ 세상에 어찌 이런 일이 있을쏜가/ 내 집에 돌아가 선밥 먹음만
못하리).

　약관에 과거에 급제했으나 조부가 역적이었음을 알고 벼슬
을 포기하고 일생 방랑 시인으로 살았던 김삿갓이 과객으로 푸
대접받으며 읊은 말장난 시이다.

　이문열은 작품집 『그대 다시는 고향에 가지 못하리』에 실린
단편 「과객過客」에서 조선시대 과객들이 남의 집 밥이나 축내는
'고급 거지'가 아니었다고 주장한다. 이런저런 이유로 사회 밖으
로 밀려난 지식인이나 예인 등으로, 그들은 통신망이 부족했던
시대에 다른 지역의 정보 전달자였고 나아가 광역적 여론 조성
자였다는 것이다. 그래서 양반들은 자기들이 누리는 혜택에 대
한 약간의 보상 심리에서, 그리고 그들을 홀대했을 때 얻게 될
나쁜 평판이 두려워서, 과객에게 숙식을 제공했다고 설명한다.

그러나 예고 없이 나타나는 과객은 부담이 아닐 수 없고, 그래서 빈약한 상차림을 '과객상'으로 부르기도 했다고 한다.

지난주 문재인 대통령의 방중訪中 뉴스를 보다가 한국 대통령이 국빈으로 중국에 가서 과객 대접도 못 받았다는 생각이 들었다. 3박 4일 체류 중 딱 두 끼를 제공했다니 그것이 국빈 대접인가. 온 국민이 대통령과 함께 갑자기 밥을 구걸하는 신세가 된 듯하다. 게다가 수행 기자까지 흉악한 폭행을 당했으니 중국이 한국 대통령을 국빈으로 초청한 것인가 죄인으로 소환한 것인가.

대통령이 받은 홀대는 온 국민이 통분할 일이지만 이를 계기로 대통령과 위정자들이 중국에 대한 기대와 환상을 버리고 대중對中 굴욕 외교를 마감하게 된다면 아프지만 맞을 만한 주사라고 자위할 수 있다. 문 대통령은 와신상담하며 국민이 받은 모욕을 설욕해야 한다. 아직도 중국을 감싸며 자신이 받은 모욕을 덮기 위해 중국을 옹호하려 한다면 국민의 상처에 소금을 이겨 넣는 일이다.

마오쩌둥毛澤東은 절대 빈곤 속의 무지한 백성을 다스렸기에 죽을 때까지 절대 권력을 누렸지만 시진핑이 절대자로 군림하기엔 중국의 민도가 높아졌고 누적된 내적 모순과 갈등이 극심하다. 동네 장승을 미륵불인 줄 알고 치성 드리는 우愚는 이제 그만! 2017/12/19

저승길엔
국민 먼저?

「칼레의 6人」
버나드 쇼

영국 극작가 조지 버나드 쇼의 단막극 「칼레의 6인Six of Calais」은 14세기 프랑스의 연대기 작가 프루와사르Jean de Froissart의 영·불 간 백년전쟁사에 나오는 실화를 바탕으로 하고 있다. 1347년 프랑스 북부의 칼레항港을 1년 동안 포위 공격한 끝에 함락시킨 영국 왕 에드워드 3세가 항복을 수락하는 조건은 이랬다. '칼레가 1년이나 저항할 수 있게 물자를 공급한 자유시민(귀족도 농노도 아닌 제조업자, 상인 등) 6명이 목에 밧줄올가미를 걸고 나와서 교수형을 받으라.'

이에 칼레의 자유시민 중 6명이 자원하여 목에 올가미를 걸고 에드워드 3세의 진지를 찾아 자기들을 교수형에 처하고, 대신 칼레의 시민들을 벌하지 말라고 호소한다. 에드워드는 그들의 처형을 명하지만 자애로운 필리파 왕비의 간청으로 그들은 방면된다.

청와대가 지난 6월 6일 미국 이머전트 제약사로부터 탄저균 백신 3천만 원 어치(500명분)를 구입하라고 식약처에 지시해서 10월에 구매를 완료했다고 한다. 북한이 3천 톤을 보유한 탄저균은 치사율이 95%이고 100kg이 투하되면 국민 300만 명이 형언할 수 없는 고통 속에 죽게 되는 치명적 생화학무기라고 한다.

문재인 대통령은 취임 직후부터, 그리고 6월 6일 이후에도 일관되게, 북한의 위협을 축소하며 무력에 의한 북핵 제거는 용납하지 않겠다고 만방에 선언했다. 북한을 결사 수호하겠다는 결의처럼 들릴 때가 많았다. 그런데 북한이 보유한 생화학무기 13종 중에서 탄저균에 대한 예방책을 준비한 것은 어떤 정보에 의거한 것인가? 왜 그 정보를 공개해서 국민도 자구책을 강구하게 하지 않았는가? 탄저균 백신을 배급받은 500명이야말로 북한이 침공한다면 '우리를 처형하고 국민은 살려 달라'고 나서야 할 사람들인데 국민은 다 죽어도 자기들은 살아야겠는 것인가. 치료 목적으로 백신 1천 명분도 사들였다니 그걸 받아들게 될 극소수 국민은 노아의 방주에라도 탑승한 듯 감사해야 하는가. 그런데도 24일 지상파 방송 저녁 뉴스에서는 이 중차대한, 5천만 명의 목숨이 위태로운 사태에 대한 한마디 언급도 없었다.

북한은 이미 생화학무기를 탄도미사일에 장착하는 실험을 끝냈다고 한다. 한민족 반만년의 고군분투가 허망하다. 2017/12/26

균형자와
줄 타는 자

『우신 예찬』
데시데리위스 에라스뮈스

「더 디플로맷」이라는 미국 잡지가 지난 연말을 맞아 동양 정상들의 한 해 실적을 평가해서 '시상'을 했다(별명을 붙여 줬다). 문재인 대통령에게 돌아온 상賞은 'balancing act award'이다. 이 수상 소식을 접한 청와대가 기뻐서 온 국민에게 자랑을 했다. 문 대통령이 '균형자' 역할을 하겠다고 했는데 균형을 잘 잡았다고 주는 상이라고 생각했던 모양이다.

그런데 'balancing act'는 다른 나라 또는 개인 간의 균형을 잘 잡아주는 행위가 아니고 외줄 타기 묘기妙技처럼 자기가 균형을 잃고 추락하지 않으려고 애쓰는 행위, 또는 연기이다.

「더 디플로맷」지가 보기에 문 대통령의 행보가 무척 위태로워 보였고 사방에서 오는 상이한 압력 속에서 제대로 서 있기도 퍽이나 힘 드는 것같이 보였던 모양이다. 문 대통령이 하고 싶다는 '균형자론'을 우리 외무부가 어떻게 번역해서 알렸는지 모르겠으나, 자기가 고공高空에서 외줄을 타고 있는 사람은 주변 세력들 간의 균형을 잡아 줄 여유가 없다.

문 대통령의 늘 웃는 얼굴에 만족스러운 표정은 놀랍고 신기하다. 국제경제환경은 좋다지만 그가 선언한 허다한 정책들이 재앙 수준의 부작용을 불러올 것이라는 지적과 함께 저항을 불러일으키고 있다. 무엇보다도 국가 안보가 위기 수준인데 그가 그토록 간절히 러브콜을 보내는 북한은 대부분 무시하거나 오히려 욕설 등으로 응수하고, 달려가 도움을 애원한 중국에서는 국민이 격노할 만한 모욕을 당했는데도 그의 얼굴은 늘 봄날이다.

르네상스를 대표하는 네덜란드의 대학자 에라스뮈스는 그의 저서 『우신 예찬Praise of Folly』에서 우매愚昧의 여신의 입을 빌어 "아부는 남을 잘 믿는 사람을 행복하게하기 때문에 미덕"이라고 '예찬'했다. 문 대통령의 웃는 얼굴도 처음엔 우울하고 성난 얼굴보다 낫다고 생각했지만 이제는 그가 자신이 국민의 생존을 얼마나 위태롭게 하고 있는지, 국가의 경제가 붕괴하고 있는지, 그의 '적폐 청산'이 얼마나 우리 사회를 불안하게 하고 있는지, 자각을 못 하고 있어서 그런 것 아닌가 의심이 든다. 아마도 주위에서 아낌없는 칭송을 쉴 새 없이 받고 있어서 늘 기분이 좋기 때문일까?

「더 디플로맷」지의 보도조차 상찬賞讚으로 받아들였다면 국민은 앞으로 나라의 형편이 어떻든 대통령의 얼굴에서만은 화창한 봄날을 기대할 수 있을 것이다. 2018/1/2

달콤한
유혹

『여자의 일생』
기 드 모파상

1960년대에는 거의 모든 여고생들이 모파상의 『여자의 일생』Une Vie을 읽으며 여 주인공 잔느의 불운을 가슴 아파했다. 수녀원에서 경영하는 여학교를 갓 졸업한 순진무구한 잔느는 잘생긴 줄리앙의 그윽한 눈길에 속수무책으로 매혹당하고 만다.

결혼을 하자 줄리앙은 잔느 집의 재산을 관리하며 하인이나 소작인들에게 인색하게 굴고 외모는 지저분해지고 그윽하던 눈길은 사나워진다. 그리고 얼마 안 가서, 잔느와 결혼도 하기 전에 잔느의 하녀를 임신시킨 사실이 드러난다.

잔느는 줄리앙의 본성을 알고는 노엽고 역겨워하며 그에게 냉랭해진다. 하지만 외아들 폴에게는 완전히 맹목적 애정으로, 저택도 팔고 땅도 팔아 빚을 갚아주고도 무시無視를 당해도 아들의 사랑을 애걸 또 애걸할 뿐이다.

지난 1일 김정은의 신년사에 담긴 러브콜에 대한 우리 정부의 반응은 눈먼 사랑에 빠져 짝사랑의 부름을 기다려온 순정

녀를 연상시켰다. 하긴, 북한의 러브콜이 세련됐기는 했다. '동포'에게 '따듯한 인사'를 보내며 남·북한 간의 오해와 불신을 풀고 우리 민족 문제는 우리끼리 해결해서 민족의 위상을 세계에 과시하자는, 순진한 여성을 충분히 현혹할 만한 미끼를 던졌다.

남북한 관계는 남한의 월등한 경제 규모와 문화 수준, 국제적 지위에도 불구하고 특히 진보정부 하에서는 항상 우리가 북한의 선심善心을 애걸하는 저자세였고 북한은 우리에게서 갈취할 것을 다 갈취하고도 우리에게 '시혜자'로 군림하는 형세였다.

김신조 사건 이후에도, 판문점 도끼 만행 이후에도, 아웅산 학살 이후에도, 북한은 사과하지 않았다. 우리는 박왕자 씨 살해 후 금강산 관광 중단과 북한의 장거리 로켓 발사 후 개성공단 폐쇄 외에는 강력한 항의 조치도 못했고 얼마 안 가서 다시 '퍼주기'를 하며 응원단 파견 같은 북한의 '선심'에 황송해 했다. 접대에 허리가 휠망정. 이제 평창에 북한 선수들이 온다면 크루즈선 제공같이 드러나는 환대만 있을까?

남한을 불바다로 만들겠다느니 폐허를 만들겠다느니 하고 온갖 위협을 일삼던 폭력배가 갑자기 '정의롭고 평화로운 새 세계를 구축'하는 일을 우리 민족끼리 의논하자는데, 흉기는 거두지 않아도 좋으니 사랑만 읊어 달라고 매달려야 할까? 2018/1/9

탕자蕩子의 선물을
두려워하라

「아이네이스」
베르길리우스

만약 성경의 '돌아온 탕자'가 자기의 잘못을 뉘우치지 않았는데도 그 아버지가 그를 열렬히 환영했다면 아들의 방탕을 조장하는 어리석은 아비였을 것이다. 김정은은 한마디의 반성도 없이, 오히려 훈계하는, 선심 쓰는 말투로 남한 정부를 압도했다.

북한의 평창올림픽 참가 제의는 세계인들이 북핵에 대한 경계심 때문에 평창 방문을 주저하는 상황에서 환영할 일임은 틀림없다. 북한의 속셈이 동족의 행사를 돕는 것이 아니고 핵 기술을 완성할 시간을 벌면서 '깡패 국가'의 이미지를 순화해서 국제 제재를 좀 완화해보려는 것이라 해도 거절하기 어려운 상황이다.

그러나 우리의 과잉 환영은 뉘우치지 않는 탕자蕩子에게 아버지의 집은 언제고 쳐들어가서 파먹고 휘저을 수 있는 곳으로 얕보게 만들고 있다. 올림픽이 아니라도 대화 제의에는 응해야 하겠지만 저들에게 우리 국민을 몰살할 수 있는 시간을 벌어주는 것임도 잊지 말아야겠다.

물론 상식적으로는 김정은이 뒤로는 핵무기를 완성할 시간을 벌면서 표면적으로 '평화 애호국'으로서의 이미지를 벌 속셈에서라도 대회에 참가할 이유가 충분하다. 그러나 김정은은 이성이나 양식, 국제적 평판을 늘 비웃지 않는가. 이번에 김정은이 평창에 파견하는 인원 중에 테러분자들이 다수 포함되어 있을 수도 있고, 평창에 참가해 주는 '대가'가 시답지 않다고 생각할 때 깽판을 벌일지도 알 수 없다. 우리 정부는 그런 불상사에 대한 대비는 전혀 없이 그저 황송하게 받들어 모실 궁리만 하는 것 같다.

고대 로마의 서사시 「아이네이스Aeneid」 2장에는 트로이가 멸망하게 된 경위가 자세히 나온다. 그리스 군이 거대한 목마木馬를 만들어서 그 안에 정예 무사 수십 명을 넣어서 트로이의 해안에 남겨놓고 자기들은 싸움에 지쳐 본국으로 철수하는 척하면서 떠난다. 트로이의 백성들은 현자賢者들의 반대에도 불구하고 그 목마를 성안으로 갖고 들어간다.

밤중에 목마의 배에서 나온 무사들이 성문을 열어서 야음夜陰을 타서 돌아온 그리스 병사들을 성안에 들이고, 트로이는 지도에서 사라진다. 트로이의 제사장祭司長 라오콘은 목마를 성안에 들이지 말라며 절규했었다. "나는 그리스인이 두렵다. 선물을 갖고 온다 해도." 2018/1/16

서글픈
뱁새의 새끼들

『새들의 천재성』
제니퍼 애커먼

　탁란조托卵鳥인 뻐꾸기는 알이 있는 뱁새 등 숙주 새의 둥지에 몰래 알을 하나 낳아놓고 간다. 뱁새는 둥지의 알을 모두 정성껏 품는데, 뻐꾸기 알이 제일 먼저 부화해서는 눈도 제대로 뜨기 전에 둥지에 있는 뱁새의 알을 모두 둥지 밖으로 밀어 떨어뜨린다. 그리고 뱁새가 물어오는 먹이를 혼자 받아먹으며 무럭무럭 자란다. 뱁새는 뻐꾸기 새끼가 자기보다 덩치가 몇 배로 커져도 자기 새끼로 알고 온갖 정성을 다해 키우고 비행 훈련을 시켜 떠나보낸다.

　얼마 전 자연 다큐멘터리에서 이 모습을 보고 북한의 소행이 꼭 뻐꾸기 같다고 생각했는데, 북한 매체들이 "남조선 당국자들이 가을 뻐꾸기 같은 수작을 한다"고 했다는 보도를 보고 실소失笑가 나왔다. 지금 북한은 우리가 삼수三修 끝에 어렵게 따내서 온갖 정성을 기울여 준비하고 있는 평창올림픽을 며칠 사이에 평양올림픽으로 둔갑시키고 있다. 문재인 정부의 절대적 지지와 협조 아래.

북한은 경기에서 뛸 선수는 몇 없는데 수백 명의 공연단, 응원단으로 평창을 점령하고 남한 국민의 혈세로 먹고 마시며 그들의 체제 선전 잔치를 거하게 하겠단다. 그런데 문재인 정부는 그들을 최고급으로 먹이고, 재우고, 체제 선전 무대를 화려하게 마련해 주는 것으로는 부족해서인지 북한까지 올라가서 마식령 스키장과 금강산을 북한의 관광 자원으로 홍보해 주겠단다. 그리고 우리는 한·미 합동 군사훈련은 연기하고, 북한의 대규모 군사 퍼레이드는 지켜볼 모양이다.

아무리 황송하게 받들어 모셔도 김정은 일당에게서는 조롱과 모욕, 더 지독한 핵 공갈밖에는 돌아올 것이 없음을 진정 모르는가? 마침내는 우리 선수를 둥지 밖으로 밀어 떨어뜨려 북한 선수를 들이고 둥지에 '뻐꾸기' 깃발을 꽂아 둥지마저 헌상獻上하려 하니 뱁새는 다시 자기 둥지에 몸을 뉘일 수 있을까?

제니퍼 애커먼의 『새들의 천재성The Genius of Birds』을 보면 뻐꾸기는 갓 낳아서는 뇌 용량이 다른 새 새끼들보다 큰데, 숙주 어미의 알들을 떨어뜨려 죽여야 하기 때문이란다. 그러나 그다음엔 뇌가 자라지 않는다고 한다. 영어에서 cuckoo는 '얼간이'의 뜻으로 쓰인다. 그런데 우리는 어쩌다가 뻐꾸기에게 조종당하는 뱁새의 새끼들이 되었을까? 2018/1/23

현송월의
운명

『고발』
반디

작 년 미국에서 시작된, 유력자 남성들에게 성적으로 농락 당한 여성들의 고발, 증언의 물결은 하비 와인스타인이 라는 막강한 할리우드의 제작자를 몰락시켰고 연방상원의원 한 명을 사임시켰으며 유력한 상원의원 후보를 낙선시켰다. 미국 체조 국가대표 선수팀 주치의였던 래리 나사르는 올림픽 금메 달리스트를 비롯한 선수 156명의 증언에 의거하여 이미 선고받 은 60년 징역에 175년이 추가되었다.

미국을 뒤흔든 이 운동으로 우월적 지위자에 의한 성적인 추 행이 근절될지는 모르겠지만 성추행에 대한 인식과 대응이 획 기적으로 달라질 것은 분명하다. 이 운동은 전 세계로 확산되고 있는데, 우리나라에는 어쩐지 큰 영향을 미치지 못하는 것 같 다. 안보 위기가 워낙 막중한 데다 일자리 실종, 교육 파탄 등 나 라 상황이 너무 급박하기 때문인 듯하다.

우리나라도 딱하지만 북한 여성의 처지를 생각하면 몸서리 가 쳐진다. DJ 정부 시절, 공영방송 KBS는 매주 북한선전, 찬

양 프로그램을 방영했었다. 그런데 그 프로그램에 등장한 북한 여성들은 하나같이 애교가 넘쳤다. 이는 북한 여성들이 천성적으로 나긋나긋해서가 아니고 실권을 쥐고 있는 남성에게 뻣뻣하게 보였다가는 어떤 불이익을 당할지 모르기 때문이 아니겠는가.

나라가 빈곤하면 제일 비참해지는 것이 여성이다. 남자가 체면상 할 수 없는 구저분한 일을 도맡아 하고 가족 중에서 제일 못 먹는 사람은 어머니다. 극심한 빈곤이 아니라도 억압 구조 속의 여성은 말 못 할 마음고생을 견뎌야 한다. 재북 작가 반디의 단편소설집 『고발』의 첫 단편에서는 한 새댁이 출신 성분에 약점이 있는 남편 때문에 당비서의 치사하고 집요한 접근을 단호히 물리치지도 못하고 가까스로 견제하면서 남편이 눈치 채지 못하게 하려고 애간장이 탄다.

북한 권력 집단의 가장 악랄한 범죄 중의 하나가 '기쁨조'라는 성노예 조직의 운영이다. 기쁨조가 호의호식하고 개중에는 출세까지 한다 해서 일본군위안부보다 '인도적'인가? 오히려 더 사악하다. 북한에서 채홍사의 소집을 거부하고 온전할 수 있는 여성이 있을까? 현송월은 지금 여왕 대접을 받지만 김씨 왕조가 몰락하는 날엔 그도 광장에 버려질 것이다. 그때 북한 민중이 "예뻐요!"라고 환호하면서 앞 다투어 카메라를 눌러 댈까? 2018/1/30

'자유' 빠진 민주주의?

『구체제와 프랑스 혁명』
알렉시스 드 토크빌

   문재인 대통령이 후보자 시절에 '제왕적 대통령' 권한 축소를 위한 개헌을 한다고 공약했기 때문에 그러려니 했다. 그런데 난데없이 헌법 전문에 있는 '자유민주주의 체제'에서 '자유'를 삭제한다니까 불길한 생각이 든다. 실수로 빠뜨렸다는 해명이 있었지만 역사 교과서 수정 지침에도 '자유민주주의'를 '민주주의'로 수정하라고 했으니 실수는 아닌 것 같다. '자유'는 민주주의의 필요조건인데 이 무슨 개념의 유희인가?

   자유민주주의에서 자유가 빠지면 어떻게 될까? 지구상에는 인민민주주의라는 괴물이 있다. 인민에게서 자유를 박탈하고 억압·학대하는 무자비한 반反민주주의, 독재의 가면이다. 자유를 사랑하는 대한민국 국민을 총칼과 채찍과 '교화소'의 위협으로 인민민주주의에 길들일 수 있을까? 불가능할 듯 하지만 강건하고 기개 높은 우리의 북녘 동포도 길들여지지 않았는가. 확실한 것은 언필칭 인민민주주의하에서는 촛불 혁명 같은 민중 항쟁은 일어날 수 없다는 것이다.

촛불 혁명은 박근혜 정부가 국민을 무자비하게 탄압한 독재 정권이어서가 아니고 국민을 통제할 능력을 상실한 허약한 정권이었기 때문에 일어났다. 4·19혁명도 이승만 '독재'가 빈틈이 많고 표독하지 못했기 때문에 일어났고, 프랑스의 정치학자 토크빌의 고전『구체제와 프랑스 혁명The Old Regime and the French Revolution』에 따르면 프랑스 혁명도 직접적인 원인은 부르봉 왕조의 무자비한 억압이 아니었다. 오히려 선대와 달리 선량하고 유약했던 루이 16세 치하에서 철권통치가 대폭 약화되어서 자유를 맛본 민중이 간헐적인 통제나마 견디기를 거부했기 때문에 일어났다고 한다.

인류에게서 역사의 발전이란 자유의 확대 과정이었다. 서열이나 억압은 인류가 공동생활을 시작한 때부터 늘 있어 왔지만 농경사회부터 인간은 조직적인 계급사회, 즉 불평등 사회에 살았다.

그러나 권력을 잡은 소수가 그 공동체의 힘을 키우면 사회 발전의 모멘텀이 생긴다. 그래서 국부를 창출하고 국력을 신장할 국민의 능력 개발을 위해 개인의 자유와 권리가 신장되었다. 이 자유와 권리의 선순환이 선진국을 창조했다. 북한은 국민의 자유와 권리의 억압으로 연명하는 체제이다. 우리가 왜 북한 체제를 모방할까 보냐? 2018/2/6

자유의
바람

『여기는 대한민국』
최성국

청와대에서 문재인 대통령이 김여정과 악수를 하는데 임종석 비서실장이 함박웃음을 웃으며 지켜보는 사진을 보니 참으로 허탈했다. 이번에 문재인 정부가 북한 사절단에 베푼(또는 바친) 환대는 국민의 분노를 자아냈다. 북한은 계속 핵폭탄으로 우리를 몰살할 듯 시위를 하다가 갑자기 우리가 10년 걸려 준비한 잔치를 자기들 잔치로 하자며 수백 명의 식객食客을 보냈다.

우리 자원봉사자들은 상한 밥 먹이고 냉골에 재우고 얇은 옷 입혀 혹한에 내놓으면서 김정은 떼거지들은 고급 잠자리에 풀코스 식사를 대접하는 정부가 어느 나라 정부인가? 혹여 국민의 세금에서 그 '환대' 비용 말고도 목돈의 비공개 '조공'도 지출된 것은 아닌가하는 의구심이 든다. 김정은이 정상회담 초대장까지 내밀었으니 앞으로 무슨 꼴을 더 지켜봐야 할까?

그러나 적어도 김정은의 '평양 올림픽'의 꿈은 실현되지 않았다. 박성희 이화여대 교수는 어제 날짜 '조선칼럼'에서 "올림픽의 '크고 화려하고 자유로운 분위기' 속에서 남북한 합동 평화 쇼는 임팩트를 가질 수 없었다"고 논평했다. 그리고 그는 "오히려 '북에서 온 손님'들이 자유를 옷깃에 묻혀 가게 된 것이 다행"이라고 했다. 너무나 옳은 말이다. 그런데 옷깃에 자유를 묻혀 갈 그 손님들의 안위安危가 걱정된다.

스탈린은 제2차 세계대전에 서유럽 전투에 참가했다가 전사하지 않고 귀환한 자국 병사들을 이런저런 핑계로 모두 숙청했다고 한다. 소련 사회에 자유의 공기를 전파하지 못하게 하기 위해서.

마오쩌둥 역시 한국전쟁에, 제대로 군복도 군화도 지급하지 않(못하)고 총알받이로 투입했던 병사 중에 살아서 귀환한 병사들은 거의 다 숙청했다고 알려지고 있다. 미국의 위력과 선의善意를 증언하지 못하도록.

그동안 응원단 기타의 명목으로 한국에 와서 환대를 받고 갔던 북한 국민은 귀환 후 질시와 감시의 대상이 되었을 텐데 다 무사한지 궁금하다.

탈북자로서 만화로 탈북민들의 대한민국 정착기를 연재하는 최성국 씨의 「자유를 찾아서」 시리즈를 보면, 탈북민들은 국정원에서 적응 훈련을 받는 기간에 조사 받을 차례가 되니까 북한보다 '발전된' 고문을 받을 거라고 생각하고, 조사란 "맞아도 틀렸다 하면서 때리고, 때리고 또 때리는" 것일 거라고 수군거린다. 자유의 얼굴을 모르는 우리의 북한 동포들, 우리 정부가 그들의 노예 상태 연장을 돕는 일은 없어야 할 텐데…. 2018/2/13

이런
부관참시 剖棺斬屍

『인촌 김성수의 삶』
백완기

정부는 지난 13일, 대통령 주재로 열린 국무회의에서 인촌 김성수 선생의 건국공로훈장 서훈을 취소하기로 의결했다고 한다. 그들이 인촌을 아는가?

백완기 교수의 저서 『인촌 김성수의 삶』을 보면, 인촌(1891~1952)은 자기가 기획을 돕고 후원했던 3·1운동이 실패하자 국권 회복을 위해 민족 역량을 길러야 함을 깨닫는다. 그래서 양부와 친부를 설득해서 가산을 국가의 경제력 증진과 국민 계몽, 인재 양성에 쏟아 부었다. 조선 최초의 기업인 경성방직을 설립할 때 청년 김성수는 전국을 돌며 주주株主를 모집해 국민에게 산업화의 중요성과 가능성을 깨우치려 노력했다. 동아일보를 창간해서 국민의 눈을 띄워주고 민족정기를 고취했고 중앙학원을 설립하고 보성전문(고려대학교의 전신)을 인수해서 민족 사학을 열었다. 뛰어난 인재들을 만나면 해외 유학을 보내서 지도자로 양성했다.

그 엄혹한 시기에 어떻게 일제의 협조를 얻지 않고 민족 기업, 언론, 교육 기관을 운영할 수 있었겠는가? 일장기 말소 등 사건으로 동아일보는 누차 정간, 폐간 위기에 놓였다. 반일 데모로 다른 학교에서 퇴학당한 학생을 모두 입학시켰던 중앙고보, 일제가 '불령선인不逞鮮人의 소굴'로 지목했던 보성전문은 자주 폐교 위기를 맞았다.

그럴 때, 인촌이 호기롭게 총독부를 꾸짖어서 경방, 동아일보, 보성전문이 폐업, 폐간, 폐교되었으면 우리 민족에 도움이 되었겠는가? 인촌이 굴욕을 참고 이 기관들을 살렸기에 일제하 조선이 덜 춥고 덜 어둡고 덜 빈약한 나라가 될 수 있었다.

인촌 선생은 독립운동가라면 사상·노선·방법을 막론하고 지원했고, 창씨개명도 끝내 거부했고, 일제가 주겠다는 남작 작위도 거절했다. 그러나 보성전문 농장의 닭들이 굶주려 비실거리는 꼴을 보고는 총독부 축산과 서기를 찾아가 '사정'해서 사료를 얻어다 먹였다고 백 교수는 전한다.

굶주린 닭을 먹이듯 민족 기업, 언론, 학교를 살리고자 일제에 고개 숙인 것이 민족 반역인가? 총독부에 불려갔을 때, 탄원하러 갔을 때 인촌 선생의 굴욕과 비애를 생각하면 죄스러워진다. 중앙고보, 보성전문 교장으로 학교 건물을 지을 때 인부들과 함께 막일을 하고 청소도 해서 학생들이 수위 영감으로 알았다는 인촌 선생은 절대 훼손해서는 안 되는 민족의 은인이다. 2018/2/20

이윤택을 배출한
조직 문화?

『82년생 김지영』
조남주

조선시대는 물론 바로 몇 십 년 전까지만 해도 우리나라에서 한번 '몸을 망친' 여성은 음지의 여성이 되었다. 순결을 잃으면 자동적으로 혼인 시장에서 배제되었고, 경제 능력이 없기 때문에 순결을 짓밟은 '원수'에게 매달려 살 수밖에 없었다.

남자들은 온갖 감언이설과 애원, 맹세를 동원해서 여자의 순결을 빼앗고는 잠시 미안해하다가 점점 뻔뻔해져서 왕으로 군림하며 여자를 속박했다. 그 치욕을 거부하려면 거리의 여자가 되어 온 세상의 능멸을 견뎌야 했다.

가해자의 죗값을 피해자가 치르는 이 불의不義는 유교 문화권 여성만의 운명이 아니었다. 서양에서도 여성은 절대 약자였다. 하디의 여주인공 테스의 비운이 전 세계 여성을 울린 것은 그것이 딴 세상 일이 아니었기 때문이다.

최근에 한국에 'Me Too 운동' 확산과 함께 상상을 절하는 엽기적 추행, 범죄들이 드러나고 있다. 21세기에도, 한국에서 여성이 사회 참여와 경제 자립을 원한다는 것이 그리 큰 죄였단 말인가? 한국 사회가 그렇게까지 피해 여성에게 비정했는가? 그런데 한국여성단체연합은 (많은 좌파 문화계 인사가 관련된) 이런 비행에 대해 매우 뒤늦게 성명을 내면서, 이 흉악한 범행을 "성차별적 권력 구조"의 산물이라고 규정했다. 그러나 권력 구조는 그 범죄를 은폐함으로써 조장한 장치이고, 범죄를 저지르는 것은 인면수심人面獸心의 인간이다.

남자들은 그들에게는 일시적 오락, 자극 추구에 불과한 성희롱, 성추행, 성폭력이 피해 여성의 삶을 얼마나 피폐하게 하고 정신을 파괴하는지를 똑바로 깨달아야 한다. 이윤택의 피해자 중 한 사람은 "더러운 손을 20년이 다 되도록 지우지 못한 채 살아가고 있다"고 했다. 9세 때 자기를 성폭행한 '짐승'을 1991년 살해하기까지 21년간의 김부남 씨의 삶을 삶이라 할 수 있겠는가?

조남주 작가의 화제작 『82년생 김지영』의 주인공은 주관이 뚜렷하고 자립심 강한 신세대 한국 여성으로서 거창한 야망의 실현을 목표한다기보다 조금씩이라도 발전적인 삶을 원한다. 남편도 웬만큼 협조적인데 그 기본적 욕망의 실현이 여러 겹 벽에 부딪혀 좌절되며 김지영에게 '의학적으로 설명하기 힘든' 증상이 나타난다. 부단한 노력의 작은 과실도 차지하기가 그리 힘든 대한민국의 딸 김지영. 우리의 애처로운 딸 지영이가 남자들의 허접한 쾌락의 제물까지 되어야 하겠는가? 2018/2/27

박근혜
속죄양 만들기?

『중국의 역사』12권
진순신

근혜 대통령에게 징역 30년과 벌금 1천185억 원이 구형되었다. 참으로 간 큰 검사님이다.

우리 역사에도 고려의 제8대 현종을 비롯해서 많은 왕이 그들의 왕위 계승권을 경계한 세력에 의해 유폐되었다가 살해되기도 하고 극적인 반전으로 왕위에 오르기도 했다. 조선조의 세조와 광해군은 조카, 아우를 유폐한 것으로 안심이 안 되어 끝내 살해했다.

서양 중세의 외딴 성, 지하 감옥들은 권좌에서 밀려 유폐된 많은 왕족, 귀족들의 한恨을 아직도 뿜어내고 있다. 일본에서 활동한 중국인 역사가 진순신陳舜臣의 사서를 보면 청말清末의 서태후(西太后, 1835~1908)는 자기가 섭정을 하던 아들 동치제(同治帝, 1856~1875)가 어려서 죽자 만만한 네 살짜리 조카 광서제(光緒帝, 1871~1908)를 왕위에 올려놓고 정사를 주무른다. 왕이 성년이 되어서 강유위康有爲 등의 개혁안을 채택해 입헌군주제로의 개혁을 시도하자 궁궐에 영구 유폐했다.

박근혜 대통령 재임 기간에 못마땅한 점은 많았다. 그녀의 극단적 불행이 인간을 불신하고 경계하게 만들었을 것은 이해하지만 대통령이라는 자리에 올랐으면 각계각층 사람을 만나보고 국가 경영의 지혜를 모으는 노력을 해야 하는데 잘못되어 가는 일들을 무기력하게 수수방관하는 것 같아 안타깝고 속상했다.

소위 '세월호 7시간'이란 것도 낯가림이 심한 박 대통령이 자기가 나서서 할 수 있는 일이 없다고 생각해서 그냥 손 맞잡고 있었던 것 같은데, 마치 엄청난 내막이 있는 듯한 악의적 억측들이 나오면서 민심이 이반되었다.

박 대통령에게 '국정 소홀'의 책임을 묻는다면 모를까 '국정 농단'은 너무나 번지수가 틀린다. 박 대통령에게는 국정 농단을 할 의사도, 능력도 없었다.

국정 농단은 중국에 굴욕 외교를 하면서 국가 안보의 보루인 한·미 동맹의 기둥뿌리를 삭이려 하고, 배은망덕하게 오만불손한 북한에 끌려 다녀서 국격을 낮추고, 대한민국의 핵심가치와 정체성을 파괴할 개헌을 구상하고, 탈원전 정책, 최저임금 인상과 강성 노조 지원 등으로 나라의 경제 기반을 붕괴시키는 것이 국정 농단 아닌가.

박 대통령에게 평생 독감방에서 이 정권과 역대 모든 정권의 국정 농단을 대속해달라는 것인가? 2018/3/6

어린 심장에
독毒을 붓지 마라

『말』
장 폴 사르트르

프 랑스 실존주의 철학자 사르트르는 그의 유년시절의 자서전 『말Les Mots』에서 "유년기가 [일생을] 결정한다"고 단언했다. 우리가 어린 시절에 주입받은 관념과 심어진 공감·혐오의 감정이 얼마나 두고두고 우리 의식과 감정을 지배하는가를 우리는 모두 체험으로 알고 있다.

우리 세대는 초등학교 교과서에서 읽은 목화씨를 붓두껍에 숨겨 들어와서 우리 백성을 헐벗음에서 구한 문익점 선생의 애민 정신, 영산강에 횟가루를 풀어서 왜군에게 우리의 병력을 과대평가하게 한 이순신 장군의 지혜를 일생 마음의 등불 삼아 살아왔다.

좌파들의 소행 중에서 내가 제일 용서하지 못할 것이 교과서 왜곡이다. 우리의 티 없는 새싹들에게 우리나라, 우리 국민이 이룬 눈부신, 세계가 경탄하는 발전과 성취에 대한 자부심을 심어주는 대신 대한민국을 태어나지 말았어야 하는 나라, 기회주의가 판치고 불의가 지배하는 나라로 인식하게 하다니. 천벌을 받을 인간이 있다면 바로 이런 인간들이 아닌가. 그것으로도 모자라서 제 국민 잡아먹는 강제수용소 왕국 북조선을 한국민의 진정한 조국으로 동경하게 만들다니.

반만년 역사에서 처음으로 우리 민족이 기氣 펴고 살고, 세계 어디를 가도 당당하게 되었는데 우리의 다음 세대가 우리나라를 죄악시하고 번영을 이루어 낸 부모, 조부모 세대를 경원하게 되면 우리의 축복이 저주가 되고 만다.

가장 많은 학교에서 채택되었던 금성사 교과서는 남한에 대해서는 '독재'라는 말을 13번 쓴 대신에 북한에 대해서는 한 번도 쓰지 않았다. 남한이 독재국가라면 4·19 혁명이 나자 '독재자' 이승만이 하야했겠으며, 6월 혁명이 가능했겠으며 작금에 SNS를 뒤덮은 무제한의 의사 표현이 가능했겠으며 노조의 특권세력화, 양심적 병역거부 같은 것이 어떻게 가능했겠는가? 북한에서 100만이 참가하는 촛불시위는 상상조차 할 수 없지만 만약 일어난다면 인구의 반半은 사살되지 않았겠는가?

우리 어린이들이 임진왜란보다 동학이, 대한민국보다 김씨 왕조가, 이순신 장군이나 세종대왕보다 전태일이 더 비중 있게 다뤄지고 기독교는 3쪽에 걸쳐서, 그러나 이슬람교는 15쪽에 걸쳐서 13장의 모스크(mosque: 이슬람 사원) 사진과 함께 소개되는 해괴한 국사교과서에 마음이 병들고 비틀리게 방치해서는 안 된다. 우리 귀한 자식들을 이 독극물에서 구하자. 2018/3/13

수용소행 열차를
안 타려면

『공산주의자는 어떻게 협상하는가?』
C. 터너 조이

북대화가 성사된 것이 트럼프 대통령의 경제제재가 먹힌 덕분이라는 문 대통령의 말은 가감 없는 사실이다. 그런데 우리 언론은 마치, 대화가 사실은 문 대통령의 외교력으로 성사된 것인데 문 대통령이 기지를 발휘해서 트럼프에게 공을 돌린 것처럼 칭송하고 있다. 사실은 '성사'랄 것도 없이 숨통이 막힌 김정은이 필사적으로 휘젓는 손을 문 대통령이 부여잡은 것이 아닌가. 그런데 횡재라도 한 듯 마냥 행복해하는 것 같아서 걱정이 된다. 정의용 안보실장이 막내아들 뻘인 김정은과의 협상 테이블에서 학생처럼 일어서서 발표(?)하는 모습은 민망함을 넘어 불길함을 주었다.

한국전쟁 휴전협정의 유엔군 측 대표였던 C. 터너 조이 제독提督의 저서 『공산주의자는 어떻게 협상하는가?How Communists Negotiate』를 보면 공산주의자들은 인도주의의 개념이 없고 상호주의의 개념도 없어서 그들과는 선의의 협상이 불가능하다. 자유 진영에서 한 가지를 양보하면 공산 진영은 더 큰 양보를 받아내려고 온갖 억지를 부린다.

공산주의자는 반드시 진실을 부인하거나 왜곡한다. 소련이 '중립국'이니 중립국 감시단에 넣자고 우기고, 국군-유엔군 포로 6만 5천 명을 잡았다고 대대적인 선전을 하다가 포로 명단을 교환하자니까 1만 1천559명의 명단을 주고 나머지는 풀어 주었다고 주장한다. 문서로 조인한 합의라도 통역이 잘못되었다든지 해석이 틀렸다든지 하면서 번복하거나 유보 조항을 줄줄이 내민다.

조이 제독은 결국 전쟁의 희생을 줄이기 위해서 시작한 휴전협정이, 공산주의자들의 시간 끌기, 떼쓰기 협상전략 때문에 2년을 끌어서, 총력전으로 전쟁을 종식했더라면 사상자와 피해가 오히려 적었을 것이라고 유감스러워한다. 그러니까 공산주의자들과는 인도적인, 상식적인 협상을 할 수가 없으니 협상을 할 때도 힘의 압박을 늦춰서는 절대로 안 된다고 했다. 인도적 후의나 양보는 그들에게 이쪽의 입지가 약화되었다는 믿음을 줄 뿐이라는 것이다.

자국민을 향한 '적폐 청산'에는 그리도 모진 문 대통령이 어째서 김정은과 그의 수하들에게는 그리도 자애로울까? 문 대통령은 고르디우스의 매듭을 자르듯 김정은과 통쾌한 합의를 이룰 수 있으리라는 기대는 기필코 버리기를 바란다. 김정은은 북한 동포 몇 백만이 죽어도 핵무기를 포기하지 않을 것이다. 그의 밥상에 찬밥과 짠지만 오르게 되면 모를까. 2018/3/20

국민 유전자를 변형시키는
개헌(1)

『**근대로의 길**』
박지향

저 은 시절, 우리나라에 대한 불만과 열등감의 제일 큰 원인
은 가난 자체보다는 우리나라가 '실력 사회'가 아니라는
것이었다. 선진국들은 봉급과 사회적 명성과 출세가 개인의 실
력에 의해 결정되는데 우리나라는 실력보다 연줄이 취업과 승
진, 영달을 결정하는 현실이 노엽고 슬펐다.

　그러나 지난 반세기의 경제 성장과 산업화의 격랑 속에서 우
리나라도 급속히 실력사회로 변모해 왔다. 물론, 아직도 낙하산
인사 등 부조리가 횡행하지만 기업이나 국가나 실력 없이 꾸려
나갈 수가 없게 되니 실력자들이 중용되었고, 그래서 이제 완전
한 실력 사회가 목전目前에 있는 듯 보였다.

　그런데 대통령이 발의한다는 개헌안의 여러 조문이 우리나
라를 다시 왕조 시대로 되돌리려 하고 있다. 일례로 '동일가치의
노동에 대해서 동일 수준의 임금이 지급되도록' 국가가 노력한
다면 아주 훌륭한 이상 같지만 '동일노동 동일임금'이 헌법 조항
이 되면 현재의 정부 시책, 경제 상황과 결합해서 국민의 유전

자까지 왜곡시킬 수 있다. 이 정부는 노골적으로 노동자 편을 들고, 기업을 정부와 노동자 공동의 적敵으로 간주한다는 인상도 준다. 정부는 성과급제도 못마땅해하고, 노조의 전횡을 옹호하고, 정규직 노동자는 사실상 해고가 불가능하다. 그러니 '동일노동 동일임금'이 헌법에 못 박힌다면 국민은 어차피 임금은 같으니 일은 최소한만 하려 하지 않겠는가.

가령, 어느 건설회사의 배관공 30명이 새로 짓는 아파트 30동을 한 동棟씩 맡아 시공했는데 10개 동은 100년이 거뜬할 정도로, 10개 동은 10년은 무사할 정도로, 10개 동은 한두 해 안에 물난리가 터지게 시공했더라도 30명은 일단 동일임금을 받고, 입주자의 아우성과 배상소송 때문에 회사가 망해도 퇴직금까지 챙기게 될 것이다. 이처럼 '동일노동 동일임금'이 법칙이 된다면 업무와 노동의 질이 저하되어 불량제품과 부실용역이 국민적 노이로제와 국가 부실을 유발하게 되지 않을까?

박지향 교수의 최근 저서 『근대로의 길』을 보면 1940년 유럽에서 직업윤리가 철저한 유럽의 신교도 국가들이 그렇지 못한 가톨릭 국가들보다 40%나 더 부유했다고 한다. 한국민은 대한민국 국민으로 거듭나면서 근면, 성취의욕의 유전자를 습득했는데 그 유전자가 이제 다시 왕조시대의 나태, 무책임의 유전자로 일그러지지 않겠는가? 2018/3/27

국민 유전자를 변형시키는 개헌(2)

『구체제와 프랑스 혁명』
알렉시스 드 토크빌

프랑스 혁명은 왕실과 귀족의 학정을 견디다 못한 민중이 왕과 귀족을 타도한 혁명이라는 것이 보편적 인식이다. 그러나 프랑스 혁명의 원인을 심층 분석한 알렉시스 드 토크빌은 『구체제와 프랑스 혁명 The Old Regime and the French Revolution』에서, 사실 혁명 전야에 프랑스 귀족은 유럽 어느 나라의 귀족보다 실권이 없어서 민중을 억압하고 착취할 힘도 없었다고 말한다.

'태양왕' 루이 14세는 지방에서 군림했던 귀족·영주들을 무력화하기 위해서 호화 궁전 베르사유를 지어서 귀족들을 왕궁에 상주하며 끊임없이 왕의 주위를 맴돌게 했다. 그리고 선대에 시작된 관료제를 확충하고 강화해서 왕권이 전국에 미치게 하고 지방에서의 귀족의 지배권을 관료에게 넘어가게 했다.

30여 개 도道에 지방총감intendant 지휘 하의 행정조직이 행정뿐 아니라 조세권, 사법권까지 관할하게 되고, 평민이 관료로 진출할 수 있는 길이 열리자 관리 지망생이 너무나 많아져서 출세 지향성이 완전히 '프랑스 병病'이 되었다고 한다. 프랑스는 오늘날까지 이 병을 앓고 있다고 한다. 프랑스 혁명 당시에 민중이 귀족을 증오했던 것은 권한을 대부분 잃고 지역의 통치자로서의 역할을 못 하는 귀족들이 얼마 안 남은 그들의 특권을 놓지 않으려 했기 때문이었다.

조국 근대화와 함께 우리 국민은 각자 원하는 분야에서 자신의 능력을 발휘함으로써 개인적인 번영을 이룩하면서 동시에 국가의 발전에 기여할 수 있었다. 우리 세대의 축복이었다. 그런데 이번의 '대통령 발의' 개헌안에 있는 것 같은 지방정부제가 실시된다면, 지역마다 타 지역 출신을 배척하는 성향이 강해져서 자신이 정말 원하는 지방, 영역에서의 능력 발휘가 어렵게 될 것이다.

그렇게 되면 무슨 일이고 성공하기 위해서는 지방정부와 긴밀한 관계를 맺어야 하게 되기 쉽다. 그리고 가까운 입신양명, 권력 쟁취의 수단으로 지방정부 진출을 꾀하는 사람이 많아질 것이다.

우리나라의 강한 지역 정서를 감안할 때 지방정부가 나라의 든든한 토대가 되려 하기보다는 지역의 이익을 국가의 이익에 우선하게 될 가능성이 크다. 지방정부의 관리도 국가적 안목을 갖기보다 지방의 이권을 장악해서 나눠주며 세력을 기르려 하게 되기 쉽다. 그러면 주민의 시야가 좁아지고 심성心性도 편협해지고 '애향심'을 뛰어넘는 '애국심'의 싹은 무참히 잘리고 말 것이다. 2018/4/3

민주주의의
조종弔鐘?

「줄리어스 시저」
윌리엄 셰익스피어

"How are the mighty fallen!(막강한 권력자의 말로를 보라!)"은 영·미 사람이 즐겨 쓰는 경구警句다. 이번 박근혜 전 대통령 판결에 대해서도 외신은 권력을 남용한 권력자의 말로로 해석했다. 외국 언론은 박 전 대통령의 케이스 같은 해괴한 재판과 판결의 속내를 알 수도 없었거니와 알더라도 이해할 프레임이 없으므로 고전적 격언의 틀을 빌려 보도할 수밖에 없었을 것이다.

수많은 서양의 역사서, 문학 작품 속에서 대중의 인기를 얻어 권력을 장악한 '영웅'은 권좌에 오른 후에 오만과 탐욕으로 민중을 탄압, 착취하다가 암살을 당하거나 권좌에서 끌어내려져 무자비한 죽음을 당한다. 서양인들은 그런 역사서를 가르쳐서 인간의 권력욕과 자기 탐닉을 경계했다. 셰익스피어도, 그의 희곡 「줄리어스 시저」에서, 역사적 평가가 크게 엇갈리는 줄리어스 시저를 부하들의 모반을 받아 마땅했던 잠재적 독재자로 그렸다.

지난 금요일에 박 전 대통령이 징역 24년에 추징금 180억 원을 선고받은 것을 지켜본 우리 국민은 그 판결에서 어떤 교훈을 얻었을까? 박 전 대통령 통치의 무능이나 비효율을 답답해했던 국민은 적지 않았지만 그에게서 '압제'나 '착취'를 당한다고 체감한 국민이 있었을까? 박근혜 정부 4대 개혁의 대상이 되었던 국민을 빼놓고는 없지 않을까 싶다. 부풀려지고 왜곡된 최순실의 역할을 듣고 분노한 국민은 많았지만 최순실과 교류한 것이 흉악한 연쇄살인과 동급의 범죄라고 생각한 국민은 없을 것이다.

요즘 대한민국 법관들은 판결에 있어 현행법보다 상위법을 따른다는 느낌을 받는다. 납득하기 어려운 판결은 과거에도 종종 있었지만 요즘은 '이게 의법依法한 판결인가?'하는 탄식을 자주 하게 된다. 헌법재판소는 대통령을 파면할 권리가 없다. 헌재는 국회가 제출한 대통령 탄핵소추 청구를 인용하거나 기각할 권리와 의무가 있을 뿐이고, 인용하면 법절차에 따라서 대통령이 해임되는 것이다. 그런데 이정미 재판관은 추상같은 어조로 박 대통령을 파면한다고 선언했다. 법은 과정과 결과를 혼동해서는 안 된다.

박 전 대통령의 판결은 우리 국민에게 무엇을 가르쳤을까? '권력을 잃으면 기본 인권조차 보장받지 못하니 정적政敵은 모두 제거하고 권력은 결코 내놓지 말아야 한다'가 아니었을까? 청와대의 '오늘을 잊지 않겠다'는 논평에도 어쩐지 그런 뉘앙스가 풍기는 듯하다. 2018/4/10

위선자 대회
대상급 연기

『엘머 갠트리』
싱클레어 루이스

O 정부가 연중무휴로 제공하는 서커스는 대부분 너무 살 벌하고 터무니없어서 외면하게 된다. 그런데 최근의 '김 기식 코너'는 그 아이러니가 절묘해서 잠시 눈길을 끌었다. 자기 가 곧 받아야 할 질책을 사자후로 쏟아내는 그의 모습은 너무 희극적이어서 비극적이었을까?

"물러나실 생각 없으세요? 참 부끄러움을 모르시네." "금감 원의 권위와 신뢰가 무너지면 금융 감독 체계 전체가 무너지는 거죠." "(고액 강사료 지급) 반복 강연 요청은 로비성이지." "공무 로 해외 출장을 가는데 기업한테 돈 받아서 비즈니스석 퍼스트 석席⋯. 이럴 수 있습니까?"

여타 기묘한 비리가 속속 드러나는데 청와대는 그가 자기의 외유성 출장을 지원한 피감기관을 '봐주지' 않았으니 죄가 없다 고 변호했다. 피감기관에서 돈을 먹어도 입 씻으면 문책 안 당 한다는 언질 같지 않은가? 대통령은 김기식의 행위가 위법이라 는 판정이 내려지면, 또는 당시 관행에 비추어 도덕성이 평균 이

하라고 판단되면, 물러나게 하겠다면서 한편 김기식에 대한 사임 요구는 경제·재벌 개혁에 대한 저항이라는 암시도 했다. 금융계의 개혁은 도덕성이 의심스러운 비非전문가도 단행할 수 있는 것인지?

문 대통령이 취임 초에 천명한 인사 원칙은 며칠도 못 가서 무너졌다. 이 정부는 투기, 자녀 이중 국적, 논문 표절 등 온갖 하자假疵가 있는 '캠코더' 인사들을 고위 공직에 내리꽂았고, 한 지방법원장을 대법원장에, 동네 약사를 식약처장에, 소장이 맡았던 보직에 소령을 임명하는 등, 다른 정권은 감히 꿈도 못 꾸던 인사를 밀어붙였다.

박근혜 정부의 블랙리스트는 반역죄인 양 단죄하면서 순수 연구단체인 존스홉킨스대의 한미연구소에는 갑질을 서슴지 않다가 결국 블랙리스트 처리했다. 돌고 도는 세상이라지만 이리도 빨리, 이리도 멀리 역대 정권을 추월하다니….

노벨상 수상 작가 싱클레어 루이스가 1926년에 발표한 풍자 소설 『엘머 갠트리Elmer Gantry』는 미국 교회의 부패와 위선을 파헤친 작품이다. 사기꾼 기질이 짙은 엘머는 달변으로 순회 부흥사 노릇을 하다가 주류 교회 목사로 성공하는데, 그는 교인들에게 자신은 느껴본 일 없는 사랑, 자신은 탐닉하는 욕정, 자신은 제어하지 못하는 야망을 베풀고 다스리고 제어하라고 열변을 토해서 그들을 열광시킨다. 그러고 보니 김기식이 역대 최악급 위선자로 기네스북에 등재되면 세계적 저명인사들과 노닐게 될 것 같다. 2018/4/17

버넘 숲이
진군進軍해 온다

「맥베스」
윌리엄 셰익스피어

 든 포털 사이트에 댓글과 추천 작업을 한 달 동안 전면 정지할 것을 촉구한다. 그러면 이제까지의 수많은 댓글 부대들의 영향력이 어느 정도였는지를 가늠할 수 있고 드루킹 수사의 목표와 방법도 떠오를 것이다. 그리고 국회 청문회에 드루킹을 출석시켜서 '경진모' '경인선' 등 그의 수하 조직의 구성과 활동에 대해 자세한 진술을 들어야 한다.

우리의 민주주의는 자주 농락당했지만 이번 사건은 국가 전복으로 이어질 범죄였다. 이 음모가 드러난 것은 진정 천우신조인데, 또한 인간사의 어김없는 이치에 따른 것이기도 하다.

우리는 모두 후의를 베풀고 덕을 보며 산다. 그런데 전혀 사심 없이 베푼 시혜라도 수혜자가 그 덕으로 살 만해졌는데도 보답에 인색하면 노여워진다. 또한 한쪽의 '충분한 보답'이 다른쪽에는 섭섭하고 괘씸한 경우도 많다. 이번 사건의 경우 드루킹은 문재인의 대선 승리가 당내 경선에서부터 경쟁자들을 침몰시킨 자신들의 여론 조작 덕분이라고 확신하고, 청와대 측은 후보자의 경쟁력 때문인데 무슨 무엄한 소리냐고 일축하는 것 아닐까?

자연 드루킹은 배신감에 복수의 칼날을 갈았을 테고, 청와대 측은 과도한 보은 요구 등 분수를 넘지 못하도록 한번 혼을 내줄까, 생각했을 수 있다. 게다가 드루킹이 미래 세력으로 청와대에 달갑지 않은(?) 안희정을 낙점해서 작업을 개시했다면 동지同志가 원수가 되지 않았겠는가?

셰익스피어의 비극「맥베스Macbeth」의 주인공 맥베스는 그가 왕위에 오를 것이라는 마녀들의 예언을 듣고 덩컨왕을 살해하고 왕위에 오른 후 불안해서 마녀를 다시 찾아가니 "버넘 숲이 걸어나와 던시너니를 향해 진군해오기 전에는 맥베스는 패배하지 않을 것이다"라고 예언한다. 그런데 마지막 장章에서 놀랍게도 버넘 숲이 던시너니성城을 향해 움직여 오는 것이 아닌가! 맬컴과 맥더프의 병사들이 버넘 숲의 나뭇가지로 위장하고 진군해 오는 것이었다.

드루킹의 댓글 부대가 수백만, 수천만 개의 댓글 리본을 휘날리며 청와대로 행진하고 있다. 문 정부는 하늘의 뜻에 순응해 특검을 수용하고, 특검은 댓글 부대들의 정체와 소행을 낱낱이 밝혀 다시는 두더지들이 대한민국의 기틀을 갉아먹지 못하게 해야 한다. 그리고 국민도 정신 바짝 차려서 이 국기 문란 사건이 남북 정상회담 갈라쇼에 묻히지 않게 해야 한다. 2018/4/24

속아 주는 것은
진정 미덕인가?

『중국의 대북조선 기밀파일』
구양선歐陽善

지난 27일의 '정상'회담에서 단 하나 감동적인 장면은 13세 제주 소년 오연준 군이 「고향의 봄」을 부르는 장면이었다. 아무 기교 없는, 무한히 순수하고 맑은 영혼의 노래를 들으며 김정은과 리설주는 북한 어린이들의 요사스러운 노래와 춤 공연과 어떻게 비교했을까?

「북한 리포트」라는 프로가 공영 방송에서 방영되던 것이 김대중 대통령 시절이었던 것 같은데 그 프로는 북한을 지상낙원으로 선전하기 위한 프로였다. 그러나 눈여겨보면 북한 주민들의 비참상이 감지되었는데 이를테면, 모든 직장은 생산성을 높이기 위해서 구성원들이 일심 단결하여 총력을 경주하며 일과 후에도 함께 연구하며 취미활동도 하며 서로를 독려한다는 식이었다. 근로시간에 죽도록 일하고 제때에 퇴근도 못하고 '자발적' 초과근무까지 한다는 말 아닌가.

가장 분통을 자아냈던 것은 그 프로에 비치는 북한 어린이들이 하나같이 천박한 애교를 부리며 '장군님을 위해 몸 바

칠 각오' 따위의 부자연스러운 말을 부자연스럽게 한다는 것이
었다.

그리고 북한의 어린이 예술단 공연도 방영되었는데, 다섯 살
밖에 안 돼 보이는 어린이도 꼬마 기생처럼 천한 화장을 하고
기생 같은 애교를 부리며 노래하고 춤을 추는 것이었다. 여자아
이들만 그런 것이 아니라 남자 어린이도 '제비' 같은 몸짓과 표
정을 지었다.

북한 정권은 우리 동포를 죽이고 고문하고 굶길 뿐 아니라
성장하면서 거짓을 제2의 천성으로 익히게 함으로써 온 인민의
심성을 왜곡하고 있다. 김정은은 수천만 인민의 다단계 충성 사
기극을 강요하고 즐기는 독재자가 아닌가. 또한 그는 수백 가지
국제 공약을 한 번도 지킨 일이 없는 김가네 혈통의 후계자다.

저자가 신분이 밝혀지기를 꺼려한다는, 원제가 '조선진상朝
鮮眞相'인 위의 2007년도 저서에는 북한이, 마오쩌둥의 동의는
받지도 않고 스탈린의 허락만 받고 일으킨 6·25전쟁에서 숨통
이 끊어질 지경에 달했을 때 130만 대군을 파견해서 65만(미군
추산으로는 80만)의 사상자를 내고 살려 준 중국을 그들의 마약
시장, 가짜 담배 시장, 위폐僞幣 유통지로 활용하고 1950년대부
터 누적 9천억 인민폐(약 120조 원)의 원조를 받고도 중국을 항
상 속이고 골탕 먹이는 실상을 드러내 보여준다. 한 번 속으면
속이는 쪽이 나쁘지만 두 번 속으면 속는 쪽이 바보라는데, 우
리는 '만나는 게 중요하지 조금 속고 속이는 건 양념 아냐?'인
가? 2018/5/1

자유가 눈엣가시인
이 정부

「자화상」
서정주 詩

젊은 시절에 서정주 시인의 「자화상」을 읽고 전율하지 않은 한국인이 있을까? 그런데 그 주술呪術적인 구절, "스물세 해 동안 나를 키운 건 팔 할이 바람이다"의 '바람'은 무엇일까?

젊은 시절의 대부분을 유랑으로 보낸 서정주 시인의 '바람' 엔 유랑이 큰 몫을 차지하겠고, 그를 유랑하게 만든 기존 질서에 대한 반발, 낯선 세계에 대한 동경, 그리고 그런 유랑에 필연적으로 동반되는 빈곤, 굴욕, 신체적 고난 등이 모두 포함될 것이다. 그리고 무엇보다도 남 보기에는 하찮을망정 그에게는 온 우주였던 가족을 비롯해 정들고 익숙하고 의지할 수 있는 모든 것을 내던져서 거머쥔 자유가 아니겠는가.

'책'을 재발견한 대학 시절, 나는 평생 생계 걱정이 없어 책만 읽고 살 수 있다면, 그래서 일생을 오로지 인격 도야에만 바칠 수 있다면 얼마나 복된 삶일까, 생각했다. 그러나 곧 수천 권의 명저도 '밥값'을 하면서 읽지 않으면 나에게 피와 살이 될 수 없고, 생존을 위해 분투할 자유와 시련이 없었다면 나는 반쪽 인간밖에 될 수 없었음을 깨달았다.

이 정부는 우리 국체國體를 자유민주주의에서 민주주의로 바꾸려는 개헌을 시도하다가 반대에 부딪혀 물러섰다가 이번엔 차기 교과서 개편안에 자유민주주의를 민주주의로 바꾸겠다고 한다. 자유민주주의나 민주주의나 같은 말이라면서 왜 단 두 글자를 말살하지 못해 그리도 안달을 할까? '자유'는 왜 좌파에게 원수스러운가?

자유는 그저 이번 주말엔 무슨 영화를 볼까, 어디서 외식을 할까를 선택할 수 있는 권리가 아니다. 자유는 인간의 의식과 의지 형성의 필수 촉매이고, 자유를 박탈당하고 산 사람은 사육飼育된 동물보다 나을 것이 없다. 자유의 순기류를 타고 날아보기도 하고, 자유의 강풍에 전력으로 맞서보기도 하면서 자기 삶의 주체적 경영자로 성숙하지 못한 인간은 천부天賦의 인권을 박탈당한 서글픈 존재다. 그런 사육된 시민을 자살 특공대로 내몰 수는 있지만 그들과 나라가 나아갈 길, 인류가 지향해야 할 목표를 의논할 수는 없다.

이 정부는 청와대가 트위터 날리면 일제히 '좋아요'를 누르고, 희대의 살인마도 대통령과 다정히 산책하고 껴안으면 아이돌 가수처럼 애호하는 생각 없는 국민을 만들기 위해 '자유'를 암매장하려나 보다. 2018/5/8

북송北送되어야 할 사람들

『가마우지는 왜 바다로 갔을까?』
이성아

변民辯이 북한에 억류되었던 한국계 미국인 세 사람이 석방된 기쁨에 재를 뿌렸다. 2년 전에 중국에 있는 북한 식당에서 일하다가 집단으로 이탈해서 한국에 입국한 13명을 북송하라는 성명을 발표한 것이다. 한국이 이들을 '납치'해 왔고 따라서 한국도 납치 국가이므로 북한에 억류된 한국인의 송환을 요구할 자격이 없다는 변론인 모양이다.

나는 솔직히 우리나라 국정원이 몸 성한 젊은이 13명을 중국에서 납치해서 한국까지 데려올 힘이 있을 것 같지 않다. 게다가 북한의 '거물'도 아닌 그들을 애써 납치해 올 이유도 없지 않은가? 근자에 북한의 고위층 간부들도 속속 망명해 오고 있고, 자발적으로 목숨 걸고 넘어오는 탈북자들도 감당하기 버거운 지경 아닌가?

그들이 탈북 할 의사가 없었다면 중도 이탈이 얼마든지 가능하지 않았겠는가? 그래도 그들 중에 2년 사이에 남한 사회에 환멸을 느껴서 가족에게 돌아가고 싶은 사람이 있다면 편안하

고 자유로운 기자회견을 통해서 다시 선택하도록 해주는 것에
는 찬성이다. 그러나 북한이 어떤 나라인 줄 알면서 13명 전원
의 북송을 요구한다는 것은 잔학한 반反인류적 요구이다. 이들
중에 누구라도 귀환한다면 잠시 선전용으로 활용되겠지만 일생
의심과 감시에 들볶이며 지옥과 같은 삶을 살아야 할 것이다.

북송 재일교포의 북한에서의 삶을 소재로 한 이성아 씨의
소설을 보면 북한은 그렇게도 감언이설로 유인한 귀포(귀국동포)
들을 '반쪽바리'로 능멸하며 옥죄이고 따돌린다. 북송 동포들은
최하층민이 되어 추위와 가난, 배고픔 속에서 작업·노동·일·동
원·노동·작업·일의 무한 반복에 골병이 들고 끝없는 자가비판을
통한 '인간 개조'의 강요에 마음도 병든다. 북한이 그토록 엄격
한 '성분'검사를 통해 선발했던 미녀 응원단도 자본주의에 물들
었다는 혐의로 몇 년 동안 20명이나 사라졌다지 않는가.

그러니 이번에 그 13명 중에 북으로 귀환을 원하는 자가 있
다면 민변이 집단으로 그들과 함께 북으로 이주해서 그들과 그
들의 가족이 북한 당국으로부터 괴롭힘을 당하지 않도록 감시
해주면 안심되지 않겠는가? 동시에 그들의 민주적 신념과 열
정으로 북한의 수용소 억류자들도 해방시켜주어서 민변은 노
벨평화상을 받고 남한은 평화를 얻게 되면 이 아니 좋은 일인
가? 2018/5/15

문 정부의 일등 국민은 백수?

『링컨의 재치와 지혜』
에이브럼 링컨

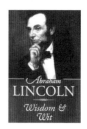

문 재인 정부의 '소득 주도 성장' 등 경제정책이 시행 1년을 맞았다. 결과는 많은 경제학자들이, 그리고 대부분 국민들도 예측했던바 대로이다. 속속 폐업하는 동네 식당, 직장은커녕 아르바이트도 구하기 힘들어진 청년들, 오르는 물가, 짓눌러 오는 생계 불안….

그리고 이 참담한, 예측했던 경제정책의 실패를 무한정 세금을 풀어 메우니 비어가는 나라 곳간. 그런데도 이 정부는 국민에게 미안한 기색도 없고 궤도 수정을 고려하는 기미도 없다.

이렇게 경제가 피폐해 가니 안타까운 것과 별개로 너무나 의문스러운 것이 이 정부는 왜 이렇게 나라를 가난하게 만들려는 것일까 하는 것이다. 한 나라의 통수권자가 되면 당연히 자기 나라가 강성해지기를 원할 텐데 왜 나라를 짜부라뜨리려는 것일까? 지금이라도 선회하면 상당 부분 회복이 가능할 텐데….

정말 북한과 '형제처럼' 사이좋게 지내기 위해서 남한의 경제를 우리 GDP의 2.4%라는 북한 규모로 축소하려는 것인가?

그러다가 최근에 그 해답(?)이 떠올랐다.

우연히 인터넷에서 발견한 '70~80년대의 실상'이란 글에서 "요즘 취직 못한 애들이 뭉가 빨듯이"라는 구절을 보고 '뭉가' 는 젊은 세대가 쓰는 약어나 은어일 텐데 도대체 뭘까, 마약인 가? 하고 생각했다. 그런데 연이어 그것이 70~80년대 대학생들 이 '의식화' 유행에 휩쓸려 반독재, 반미를 부르짖었던 것과 같 다는 말을 읽고, 머릿속에 섬광이 비치는 듯했다.

요즘 젊은이들이 경제가 나빠 취직도 안 되고 살기 힘들면 그것이 문재인 정부의 나쁜 경제정책 때문인 줄 모르고 문 대 통령에게 매달리며 구원을 바란다는 말이 아닌가? 그렇다면 문 정부의 목표는 국민을 가난하게 만들어서 틀어쥐는 것? 아, 생 각만 해도 오한이….

일찍이 나폴레옹은 정권을 장악하고나서 교육을 보급했기 때문에 그 교육으로 눈뜬 국민에게서 독재자로 배척을 받았다 고 하고, 사실 이승만이나 박정희 대통령은 국민에게 자유와 번 영을 선사해서 눈높이가 높아진 국민들로부터 독재자 칭호를 얻었다. 반면에 '김씨 왕조'는 모진 폭정과 혹독한 '사상총화'로 3대째 절대군주로 군림하고 있다.

그러나 국민은 언젠가는 눈을 뜬다. 링컨 대통령은 "모든 사 람을 잠시 속일 수는 있고, 일부 사람은 늘 속일 수 있지만 모든 사람을 늘 속일 수는 없다"고 말했다. 2018/5/22

'배 주고 속 빌어먹는'
밀담密談?

『3층 서기실의 암호』
태영호

조 편향 정권들이 북한을 싸고도는 모양새를 보면 영락없이 '배 주고 속 빌어먹는 꼴'이다. 사근사근하고 즙 많은 배를 통째로 북한에 주고, 김金가들이 실컷 먹고 남긴 딱딱하고 서걱서걱한 속을 구차스럽게 얻어먹는 형국이 아닌가. 그 맛있고 시원한 배는 우리 국민의 고혈인데.

김정은이 저녁에 전화를 걸어 다음 날 만나자고 했는데 문 대통령은 대한민국의 통치자로서의 모든 격식과 품위를 버리고 허겁지겁 달려 나갔다. 그러나 아들뻘밖에 안 되는 젊은 독재자는 자기를 구원하러 달려온 후원자를 집 앞도 아니고 문 안에서 맞으니 이런 방자한 일이 있는가. 그런데도 문 대통령은 몇 달 전까지 우리나라를 궤멸시키겠다고 협박하던 살인마의 손을 부여잡고 반가워 어쩔 줄 모르는 표정이었다.

김정은이, 미북회담을 제의했다가 미국이 의외로 쉽게 수락을 하니까 북한이 서방 세계에 늘 써먹던 저질적 몸값 높이기 전술을 시도해 보았다가 트럼프 대통령이 간단히 정상회담을 취소하겠다고 하자 즉각 문 대통령을 호출해서 대책을 의논한 것 같은데, 회담(이라기보다는 밀담) 시작과 끝의 공개된 영상을 보면 문 대통령은 북한 주민과 세계 평화를 위한 진실된 조언을 한 것같이 보이지 않고 오로지 김정은의 신상을 보호할 방도를 논의한 것 같은 의심이 든다.

김정은이 급박한 조언을 요청해 왔다면, 북한이 핵무기를 완전히 포기하지 않으면 진정한 세계평화와 한반도의 안전이 없고, 따라서 북한의 존속과 발전도 있을 수 없음을 제대로 인식시키는 것이 문 대통령의 세계사적 사명이며 한국 대통령으로서의 의무가 아니겠는가. 그것을 김정은이 명확히 인식하지 못한다면 6월 12일의 미국·북한 대화는 무의미한 한바탕의 쇼밖에는 되지 않을 것이다.

태영호 공사의 증언록 『3층 서기실의 암호』를 보면 김정일이 1992년 방북한 주중 이탈리아 대사 일행을 환대한답시고 야한 기쁨조 쇼를 보여주라고 지시했다고 한다. 그 쇼에 역겨움을 느낀 이탈리아 외교부 국장이 "나는 기생 파티가 익숙지 않아 이 자리가 좀 불편합니다"라고 말했는데 김정일에게 '올릴' 보고서를 쓸 때는 물론(!) 대사와 국장이 "조선의 예술 수준이 대단히 높다. 성악의 본고장인 이탈리아보다 훨씬 낫다"라고 말했다고 작성해 올렸다고 한다. 이 시점에서 김정은을 구원할 수 있는 친구는 남한에서 그의 인기가 올라가고 있다고 치켜세워주는 사람이 아니고 그가 피할 수 없는 진실을 말해주는 사람이 아닐까. 2018/5/29

한국은 무한히
봉鳳이 될 것인가?

「인류의 두 종족」
찰스 램

진근한 사적私的 수필의 원조인 19세기 영국의 문필가 찰스 램은 「인류의 두 종족The Two Races of Man」이라는 수필에서 인류를 돈을 꾸는 종족과 꿔주는 종족으로 분류하면서 돈을 꾸는 종족은 세상 돈을 다 자기 돈으로 생각하기 때문에 언제나 호방하고 활수滑手 좋고 당당한 데 반해 돈을 꿔주는 종족은 평생 '호갱' 신세로 기를 못 펴고 산다고 한다. 램은 쪼들리는 형편에 누가 돈을 꿔달라면 거절을 못하고 꿔주고서 돌려달라는 말도 못하고 쩔쩔매는 '꿔주는 종족'의 일원인 소심한 자신을 이렇게 희화화했다.

남북 교류라는 것이 시작된 이래 나의 크나큰 의문은 '협상에 나오는 북한 대표들은 어떻게 그렇게 한결 같이 당당할까' 하는 것이었다. 가난해서 국민이 무더기로 굶어 죽는 나라, 인권 상황이 최악인 나라, 지구상 유일한 세습 공산 정권의 얼굴로 자유민주주의 국가 대표들과 마주 앉으면 저절로 주눅이 들 텐데, 놀랍게도 북한 대표들은 뻔뻔하고 고압적이며 억지 주장을 거침없이 뱉어낸다. 외교관 재목은 대학 과정에서부터 협상법을 훈련받는다지만 훈련으로 본성까지 고쳐질까? 놀랍다.

반면 우리 대표단의 겸손하고 유연한 자세는 어쩐지 북한 사람들과 맞서기에 허약한 느낌을 준다. 훌륭한 외교관의 태도이지만 상대에 따라서는 강하게 나갔으면 싶은 것이 솔직한 심경이다. 그림이 기울어 보이고, 협상에서도 과도한 양보를 하기 일쑤이다.

북한 측은 거액의 지원금을 받아도 고맙다는 말 대신 "왜 이것밖에 안 가져왔느냐?"고 질책한다고 한다. 2000년 정상회담 때는 김정일이 회담 대금이 다 안 들어왔다고 김대중 대통령과의 정상회담을 하루 연기했고, 2007년 노무현 대통령과 회담하면서는 김정일은 반말 반, 존댓말 반으로 대하는데 노 대통령은 꼭꼭 존댓말을 바쳐서 분통이 터졌다.

북한이 김정은 일행의 싱가포르 숙박비(수십만 달러 예상)를 미국에 내달라고 했다는 말을 듣고 한국이 뒤집어쓰게 될까 봐 걱정했는데 다행히 싱가포르 정부와 전년도 노벨 평화상 수상기관 ICAN이 비용 부담을 자청했다고 한다. 그런데 이제 미·북 정상회담이 잘되면 북핵 폐기 비용이 적어도 수백조 원은 들 것이라는데, 그 비용 대부분을 남한이 부담하게 되지 않을까? 나라가 쓰러질 수도 있는 거액인데, 남한이 돈 퍼주어 핵무기를 만들게 했으니 그 폐기 비용도 남한이 치르는 것이 맞는 것일까? 북한이 핵을 개발하면 책임지겠다던 분을 모셔오고 싶다. 2018/6/5

사람 먹는
하마

『나는 21세기 이념의 유목민』
김현식

북한은 지난 4월 22일 황해북도에서 중국인 관광객 32명
이 숨진 버스 추락 사고에 대한 '사죄'의 뜻으로 북한의
'노력 영웅'이자 인민군 소장인 금강개발총회사 총사장 황영
식과 같은 회사 정치국장 등 4명을 총살하고 연대 책임을 물어
군 수뇌 김정각, 박영식, 리명수를 해임, 교체했다고 한다.

김정은이 새벽같이 달려가서 부상자 위문도 하고 중국 대사
관을 방문해서 사과도 했지만 인신 공양人身供養을 해야 진정성
이 입증된다고 생각한 모양이다. 그런데 그 버스 사고는 국가적
부품 공급 부실에 기인한 것 같아 보이는데 김정은이 시진핑 앞
에 가서 사죄하는 게 적절하지 않을까?

그런 종류의 교통사고는 중국에도 빈번한데, 중국 정부와 국
민은 북한의 심심한(?) 사과에 흡족했는지, 미흡하게 여겼는지,
그 무의미한 잔혹성에 오히려 분노했는지, 궁금하다.

김정은은 2009년 후계자로 전면에 등장하면서 국민이 장마
당에서 애면글면 벌어 모은 돈을 일거에 강탈하기 위해서 화폐

개혁을 실시했다가 대대적 주민 저항에 부딪히자 당시의 재무상 박남기에게 '책임'을 씌워 공개 총살했다. 2012년에는 고모부 장성택을 고사포로 처형하고 그 측근과 수하 1만 명을 숙청했다. 작년에는 산업 순시 중에 자라 양식장에서 정전으로 자라가 폐사한 책임을 물어 양식장 책임자를 즉석 총살했다. 국가의 전력 공급이 부실한 것은 김정은 자신의 책임인데.

1992년에 망명한 전 평양사범대학 김현식 교수의 회고록을 보면 김정일은 수십, 수백만이 아사餓死한 '고난의 행군' 때 김일성 치하에서 북한 식량 증산의 공로자였던 농업위원회장 김만금과 중앙당 농업비서 서관희의 시체를 파내서 총질했다고 한다. 두 사람은 김정일이 미워한 계모 김성애의 측근이라서 민중의 분노를 그들에게 돌리며 사적인 원한도 해결한 것이었다. 북한에서는 처형할 때 반드시 가족이 참관토록 하고, 동원한 관중에게 소감을 써내도록 한다고 한다.

북한에서 자살은 수령님과 당의 은혜를 배반하는 '반역 행위'라는데, 처형은 백두 혈통의 제단에 바치는 인신 공양인 모양이다. 오늘, 트럼프 대통령이 김정은의 마수魔手를 결박해서 그가 북한 동포를 더 이상 학살하지 못하게 하고, 인신 공양이 촛불의 제단까지 퍼지는 것도 막아주어야 할 텐데…. 2018/6/12

악당들의
계약

『캔터베리 이야기』
제프리 초서

1400년에 발표된 중세 영문학의 금자탑 『캔터베리 이야기The Canterbury Tales』는 캔터베리로 성지순례를 가는 순례객들이 가는 길, 오는 길에 심심풀이로 한 이야기 모음 형식으로 되어 있다. 스물네 편의 이야기가 대부분 아기자기한데 면죄부 판매인의 이야기는 어둡고 험악하다. 중세 유럽에서 면죄부 판매인은 교회의 권력을 등에 업고 민중을 협박해서 금품을 갈취했다.

세 명의 악당이 친구가 죽자 죽음의 신神을 찾아내서 친구의 복수를 해주기로 한다. 길에서 만난 노인에게 죽음의 신을 보았느냐고 묻자 노인이 숲 속을 가리킨다. 숲 속에는 커다란 금화金貨 자루가 있었다. 셋은 친구의 복수를 하려던 일은 잊어버리고 어두워지면 금화를 옮기기로 하고, 한 명이 빵과 술을 사러 간다. 남은 둘은 그가 돌아오면 죽여버리고 금화를 둘이서만 나눠 갖기로 한다.

음식을 사러 간 악당은 금화를 독차지할 욕심에 독약을 사서 친구들에게 줄 술병에 탄다. 그가 숲에 돌아오자 기다렸던 두 명이 튀어나와 그를 찔러 죽이고 그가 사온 술과 빵을 먹고 죽는다. 금화가 바로 죽음의 신이었다.

드루킹 등의 댓글 조작 사건을 수사할 특별검사팀이 구성되었다고 한다. 민주국가에서 국민의 여론은 국가를 움직이는 동력이고 여론의 물길은 나라의 향방을 주도한다. 여론을 대대적으로 조작해서 감히 나라의 운명을 주무르는 대역죄를 뿌리 뽑지 않으면 우리나라는 계속 모리배들 손가락 끝에 휘둘리다가 나락으로 떨어질 것이다.

드루킹이 김경수에게 보낸(5월 18일자 조선일보 게재) '옥중편지'를 보면 김경수는 드루킹의 '매크로' 시연을 보고 나서 고개를 끄덕여서 작업 착수를 지시하고 나서 '뭘 이런 걸 보여 줘. 알아서 하지'라면서 자신의 관련사실을 은폐하고 싶음을 시사했고, 드루킹은 '못 보신 걸로 하겠다'고 안심시켰다. 그러나 김경수가 공모의 거대한 과실을 따먹은 후 하수인들을 지하에 유폐하려 하자 드루킹이 일변 협박, 일변 구원을 호소한 문건으로 보인다.

드루킹과 그 공범자·지시자 일당이 쏟은 독약 탄 맹세주에 온 나라가 썩어 들어가고 있다. 그동안 경찰과 검찰의 수사 소홀, 증거인멸 방치로 국민의 애간장이 탔는데 허익범 특검팀이 철저한 수사로 이 나라를 온전히 정화해 주기를 간절히 빈다. 2018/6/19

트럼프의
도박

『젊은 예술가의 초상』
제임스 조이스

지난 6월 12일의 싱가포르 미·북 정상회담 결과에 대해 문재인 대통령과 대한민국 좌파는 크게 만족한 듯 한데 우파는 낙담이 이만저만이 아니다.

우파가 기대하고 원했던 것은 물론 CVID(완전하고 검증 가능하며 불가역적인 핵 폐기)였다. 그런데 공동성명서에 CVID가 없지 않은가? '비핵화'라는 문구가 CVID를 포괄하는 것이라고 트럼프는 주장하지만 준비 과정의 논의를 감안하면 들어있어야 한다. 이 사안은 악당 국가가 인류를 파괴할 능력을 보유하느냐 박탈당하느냐에 관한, 그리고 한국의 생사가 걸린 문제다.

미국과 한국의 대다수 언론과 유투버의 논조는 트럼프가 별로 얻어낸 것도 없이 김정은에게 너무 많이 양보하고 띄워주었다는 식인 듯하다. 반면 트럼프가 김정은을 회유해서 중국을 견제하고 봉쇄하는 도구로 쓰게 되어 큰 것을 얻었다고 보는 유투버도 있다. 시진핑을 불신하고 중국의 야욕을 두려워하는 사람들에게 후자는 매우 솔깃한 주장이다. 그러나 미국이 북한을 자기편으로 끌어들이려고 달래는 과정에서 북한이 힘을 얻으면 남한을 삼키려 하지 않겠는가. 이미 김정은은 트럼프와 시진핑에게 받은 칙사 대접을 후광 삼아 청소년 수만 명을 골병 들이는 집단체조를 부활했다.

어쩔 수 없이 트럼프의 '수완'에 기대를 걸어보는 내 처지가 매우 처량하다. 그에게서 정치 고수의 풍모를 찾아보려 하지만 눈에 보이는 것은 허풍과 횡설수설이다. 가장 소름 끼치는 것이 김정은과 만나서 '영광스럽다'는 말, 그리고 김정은을 '명예로운 사람an honorable man'이라고 한 것이었다. 반어법적으로 한 말 같지도 않으니 웃어야 하나, 울어야 하나.

문호 제임스 조이스의 자전적 소설 『젊은 예술가의 초상 A Portrait of the Artist as a Young Man』을 보면 6~7세 꼬마도 명예를 어떻게 지키는가를 엿볼 수 있다. 초등학교 신입생 스티븐은 아버지가 '절대로 고자질해서는 안된다'고 가르쳤기 때문에 덩치 큰 상급생이 자기를 진창에 넘어뜨려 안경이 깨져서 숙제를 할 수 없었지만, 선생이 안경이 깨졌다는 것은 거짓 핑계라고 몰아치며 혹독하게 체벌을 해도 고자질하지 않는다.

80년대에 주사파들은 다른 학생운동 조직을 포섭하려다가 실패하면 정보기관에 그 조직의 정보를 제공해서 일망타진되게 했다고 한다. '명예'의 개념을 모르는 사람들이 경영하는 세계의 백성이 된 것이 슬프다. 2018/6/26

눈먼 기관차
대한민국호

『1984』
조지 오웰

조지 오웰의 디스토피아 소설 『1984』의 배경인 '오세아니아'는 2차 세계대전 후 세 나라로 재편된 세계의 한 나라이다. 오세아니아의 '진실성眞實省'의 역할은 역사를 수정하는 것이다. 공산당의 무오류를 입증하기 위해서, 몇 년간 전쟁하던 나라와 동맹국이 되고 동맹국과는 전쟁을 하게 되면 해당 국가들에 대한 과거의 모든 적대적 발언은 우호적 선언으로, 우호적 발언은 적대적 메시지로 수정하는 것이다.

2등 공산당원으로서 진실성의 직원인 주인공 윈스턴은 모든 국민을 전방위로 옥죄는 당을 증오하지만 진실성에서 과거를 수정하는 작업을 그나마 자기 능력의 배출구로 즐긴다. 때로는 과거 조작에 멋진 창의력을 발휘하기도 하지만 창의력이 뛰어난 당원은 경계 당하다가 결국 숙청되기 때문에 적절히 자제한다.

문재인 정부를 지켜보니 독재 정권은 창의적이고 유능한 인물을 원하지 않는다. 창의적 인물은 정부의 정책을 맹목적으로 집행하기보다는 우수한 정책으로 성과를 내고 싶어하기 때문일 것이다. 독재 정권은 어떤 논리로 국민을 설득할까를 고심하지 않고 국민의 맹목적 지지를 요구한다.

드루킹 사건 특검이 시작되는 시점에 문 대통령은 드루킹 사건의 주역 중 한 명인 송인배 청와대 제1부속비서관을 정무비서관으로 사실상 승진시켰다. 이런 일을 태연히 하는 정부라면 무슨 일을 삼가겠는가?

전임 대통령이 국민의 국가관을 바로잡기 위해서 지시한 국정교과서 집필을 뒷받침한 사람들이 수사를 받고, 국고 7,200억 원을 들여서 새것처럼 정비한 원전原電을 아무런 설명 없이 폐쇄한다. 이미 나라를 비틀거리게 하고 있는 '소득 주도 성장' 정책을 더 강력하고 속도감 있게 집행하겠다고 인사까지 단행했다.

쿠데타식 언론 장악, 사법부·검찰·경찰 힘 빼고 길들이기, 내각 역할 축소, 국민의 지력을 저하시키는 교육, 약탈적 증세, 국민의 성취 의욕을 꺾는 복지 정책, 대한민국을 부정하는 개헌 시도, 그리고 전 정권 실력자들을 모조리 산 미이라로 만드는 '적폐 청산'. 이 무시무시한 정책들이 아무런 논의 과정 없이 발표와 함께 시행된다.

대북 정책에 대해서 국민은 세기적 쇼의 관객일 뿐이고 정부가 지정한 국가 유공자가 누구이며 어떤 공로가 있는지, 사실은 국가 전복 세력인지조차 알 길이 없다. 대한민국호는 국민을 인질로 싣고 정차역 없이 달리는 눈먼 기관차다. 2018/7/3

인도주의가
非인도주의가 될 때

『나 누주드 열 살 이혼녀』
누주드 알리

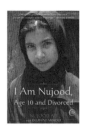

아홉 살 예멘 소녀 누주드 알리의 아버지는 곤궁한 살림에 입을 하나 덜기 위해서 어느 날 길에서 만난 서른한 살 남자에게 딸을 신부로 팔았다. 허술한 결혼식이 끝나자 누주드의 엄마는 누주드가 이제 기혼녀이니 니캅을 써야 한다고 말한다.

거추장스럽기 짝이 없는 니캅을 둘러쓰고 온종일 차에 실려가서 도착한 신랑 집에서 누주드는 낮에는 시어머니의 노예, 밤에는 신랑의 성노예가 되어야 했다. 신랑은 누주드의 아버지에게 누주드를 1년은 더 키워서 합방하겠다고 약속했건만 그것은 바랄 수 없는 자비였다.

코란(이슬람 경전)은 불쌍한 자에게 온정을 베풀라고 가르치고 있지만 힘없는 자의 인격을 존중하라는 계율은 없다. 여자는 자기 목숨의 주인이 아니다. 남자는 처妻 네 명 외에도 수많은 성노예를 거느릴 수 있다. 정식 아내도 세 번 탈라크(너와 이혼한다)를 선언하면 이혼이 된다. 여자는 강간으로 임신해도 강간이라고 증언해 줄 네 남자(!)를 찾지 못하면 간통녀로 죽임을 당한다. 남자가 기도를 하는 앞으로 개나 당나귀나 여자가 지나가면 기도가 무효다.

이교도 역시 이슬람으로 개종시키지 못하면 죽여야 할 존재이다. 이교도를 죽이면 천국에서 72명의 미녀를 상賞으로 받는다고 하디즈(Hadith: 모하멧의 아내들이 기록했다는 모하멧의 언행록으로 이슬람의 보조 경전)는 약속한다. 그래서 많은 남성 무슬림은 이교도 여성을 납치해서 집단 성폭행한 후에 죽이거나 팔아넘기는 것을 죄로 생각하지 않는다.

홍지수 씨의 저서 『트럼프를 당선시킨 PC의 정체』에도 극명하게 드러나듯이, 지금 서구 사회는 폭증하는 이슬람 인구 때문에 중환자가 되었다. 무슬림 이민·난민 유입은 급증하는데 좌파 선동가들이 이들에게 서구 자유민주주의의 가치를 거부하고 자신들의 종교와 문화를 고수하도록 부추기는 것이다. 그래서 너무나 많은 강력 범죄와 나이 어린 저소득층 여성 집단 강간, 살해 사건이 발생해서 국민이 불안해서 살 수 없는 사회가 되었다. 일례로 독일 쾰른에서는 무슬림의 독일 여성 집단 성폭행 사건 피해자가 1천 명이 넘었지만 경찰이 두려워서 제지를 못 한다고 한다.

제주도에 입국한 500여 명의 예멘 난민처럼 현재 약자의 위치에 있는 사람들에게 인정을 베풀지 말라는 글은 '용감한' 글쟁이도 쓰기 싫은 글이다. 그러나 우리 딸들을 집단 성폭력, 살해의 제물로 내모는 인도주의가 과연 인도주의인가? 2018/7/10

중국의
엘리베이터 레이디

『분노의 포도』
존 스타인벡

2004년에 중국에서 친구가 살던 대학교 사택을 몇 번 방문했는데, 15층 아파트에 엘리베이터 운전자가 있었다. 늘 시무룩한 표정의 그 여성은 주민이 엘리베이터에 타면 끝에 솜과 헝겊을 감은 한 자 가량의 막대로 숫자판 위의 해당 층을 눌렀다. 주민과 그 여성의 사이에는 미미한 눈인사도, 미소의 교환도 없었다. '사회주의식 완전 고용'의 민망한 얼굴이었다.

우리나라 일자리가 태풍에 날아가듯 사라져가니까 어느 날 정부가 모든 고층 건물 소유주에게 엘리베이터마다 3교대로 엘리베이터 운전사를 고용하라고 명령하는 것 아닌가, 하는 실없는 걱정도 해본다. 정부는 일자리를 쓸어가는 경제정책을 수정하거나 되돌릴 생각은 하지 않고 복지 지원금으로, 그리고 정부의 직접 고용으로 해결하려고 하니 재앙으로 돌진하는 꼴이다.

요즘 우리 정부의 고용 계획을 보면 정말 그 많은 신규 채

용자에게 주어질 일감이 있을까 하는 의문이 든다. 우리나라는 규제를 혁파하면 규제를 담당한 공무원들이 할 일이 없어져서 규제 혁파를 못하는 것 아닌가, 하는 허탈한 생각도 해보게 된다. 정부는 고속도로 통행료를 전부 무인無人 징수 시스템으로 전환해서 연 2천억 원의 사회 편익 효과를 낼 계획을 세웠으나 현재의 징수원 수천 명이 실직하게 되는 문제 때문에 백지화했다고 한다.

현 경제 상황에서는 무인 시스템 도입이 톨게이트 징수원들에게 현재보다 양호한 직장으로 갈아타는 전기轉機가 될 가망은 없다. 지금처럼 최저임금 인상으로 무수한 소상공인, 자영업자들이 긴축, 폐업하고 업종의 특성을 고려하지 않는 일률적 근로 시간 단축으로 수많은 업체의 생산성이 추락하면 우리나라는 다시 신용 불량 사회, 불신 사회로 후퇴하지 않겠는가.

미국의 1930년대 대공황기를 배경으로 하는 존 스타인벡의 『분노의 포도The Grapes of Wrath』를 보면 미국 중서부 지역의 농민들이 가뭄과 은행 차압에 쫓겨서 고물차에 몸을 싣고 정든 땅을 떠나 일자리가 있다는 캘리포니아로 물결처럼 몰려간다. 그러나 캘리포니아에서 그들을 기다리는 일자리는 과일 수확철의 며칠간 과일 따기가 전부였다. 이 서럽던 오키들(okies·오클라호마 촌뜨기들)은 정부의 적극적인 시책과 자신들의 노력으로 이제 모두 캘리포니아의 중·상류층이 되었다. 이 정권은 우리 중산층의 하락을 방관하는 것인가, 조장하는 것인가. 2018/7/17

한국판
죄와 벌

『예낭풍물지』
이병주

O 명박 전 대통령이 수감된 방은 12층 교도소의 맨 위층인데 천장이 옥상 바닥이어서 시멘트가 흡수한 열로 밤에 한숨도 잘 수 없는 곳이라고 한다. 더욱이 옥상에 태양광 집열판이 깔려 있어서 종일 흡수하는 열과 집열集熱 모터의 소음에 시달린다고 한다. 흉악범도 가둬서는 안 되는 이런 감방은 민주국가에서는 폐기해야 하는 것 아닌가?

24년 형기에 8년이 더해진 박근혜 전 대통령 근황은 못 들었지만 지난겨울을 북극 같은 냉방에서 보내고 올여름은 가마솥 속에서 보내고 있지 않을까? 한 달 전쯤 여섯 번째로 병원에 실려 갔다는 말을 풍문에 들었는데….

유투버 변희재 씨는 재작년 말, JTBC가 '입수'했다는 태블릿PC가 최순실 씨 것인지 아닌지를 밝힐 결정적 방안을 제안했다. 카카오톡에 최순실 씨가 보낸 메시지가 화면 왼쪽에 올라와 있는지 아니면 오른쪽에 올라와 있는지를 보고, 태블릿PC의 지난 수년 소재지를 GPS로 추적해서 최순실 씨의 행선지와 일치하는지 대조해보라는, 쉽고도 100% 확실한 방법을 제안했다. 그런데 검·경은 가장 중요한 소유주 규명은 하지 않고 규명 방법을 제시한 사람을 구속하니, 새벽을 알린다고 닭의 목을 비트는 격이다.

'드루킹' 특검은 핵심 사안은 남겨놓고 오히려 변두리만 뒤지고 있으니 혹시 김경수나 송인배는 건드리지 말고 다른 사람들을 대용 제물로 삼으라는 암시를 받은 것 아닐까? 한편 기무사는, 박 전 대통령 탄핵이 기각되었을 때 기각에 반발하는 세력의 국가 전복 시도에 대비하는 계획을 세웠다 해서 반역죄로 몰릴 처지가 된 듯하다. 북한의 내란 책동 가능성도 있으니 대비를 안 하면 오히려 그게 반역 아닌가? 탄핵이 인용되어도 정권을 사수하려는 계획이 아니지 않은가.

반대로, 북한산 석탄을 실은 선박들이 몇 달 사이에 수십 번 우리 항구를 드나들며 세탄洗炭을 하고 있다는데 정부는 제재할 능력이 없는 걸까, 의사가 없는 걸까?

고故 이병주 작가의 자전적 중편 『예낭풍물지』의 주인공은 어느 날 영문 모르게 체포되어 10년형을 살다가 병으로 출소한 후, 도대체 자기가 어떤 법을 어긴 것인가를 연구하다가 깨달음에 이른다. 범죄란 권력자가 그것이 죄라고 하는 것이라는…. 2018/7/24

곧 다시 먹을 우물에
침 뱉는 김정은

『허영의 시장』
윌리엄 새커리

19세기 중반 영국의 뛰어난 풍자 작가 새커리의 『허영의
시장 Vanity Fair』에 나오는 도빈은 연모하던 아멜리아가 약
혼자 조지에게 버림을 받으니까 그녀를 자기가 차지할 꿈을 꾸
는 대신, 조지를 엄하게 다그쳐서 아멜리아와 결혼하도록 하고
그림자처럼 그들을 보살핀다. 그는 아멜리아가 과부가 된 후에
도 옆에서 수호신 노릇만 하는데 아멜리아는 그의 마음을 헤아
리지도 못한다.

문재인 대통령이 집권 초부터 김정은에게 기울이는 애정은
국민을 서글프고 분노하게 했다. 김정은에게 사랑을 베푸는 것
은 돼지에게 진주를 던져주는 것과 다를 바 없어서 그 사랑이
선한 결실을 볼 가망은 전혀 없다. 더욱이 대통령이 파산 직전
의 적국 수괴를 사랑하면 우리 국민의 피땀인 세금이 적국을 살
찌우게 하니, 마누라 지참금으로 애인 집 사주는 남편 본새다.

한동안 문 대통령에게 따리를 붙이던 김정은이 본색을 드러
내며 문 대통령을 모욕하기 시작했다. 백방으로 애써서 미·북 정

상회담을 성사시킨 것이 누군데, 제가 방정을 떨어서 그 정상회담이 물 건너간 것 같을 때는 허겁지겁 달려와서 구해 달라더니, 이제 트럼프를 손아귀에 넣었으니 문 대통령은 능멸해도 되겠다는 심보인 모양이다.

아버지뻘 되는 문 대통령이 그리 극진히 예우를 하고 총리도 추임새를 넣고 유시민 같은 '재야'(?) 인사도 지극한 찬사로 받들어 모시고, 한국 정부는 국제사회의 제재도 위반하면서 북한을 연명시켜주고 있지 않은가. 그런데 김정은은 문 대통령이, 행여라도 미국이 짜증 나서 북한에 등 돌릴까봐 양쪽 다 합의를 이행하라고 촉구한 데 대해서 '주제넘게 무례무도한 궤설을 늘어놓지 말라', '제 처지도 모르는 희떠운 훈시를 하지 말라' 등등의 욕설을 쏟아내고, '조수 노릇도 변변히 못할' 재목인 문재인은 한반도 상황 '운전자' 역할을 꿈도 꾸지 말라고 비웃었다.

김정은은 너무 성급히, 다시 안 먹을 우물에 침 뱉듯 문 대통령의 얼굴에 침을 뱉었다. 김정은은 문 대통령을 욕해놓고 우쭐했는지 모르지만 몇 달도 못 가서 또 문 대통령에게 매달릴 것이 틀림없다. 그때에 문 대통령이 그 배은망덕한 패륜아의 버릇을 고쳐놓는 대신 '단심가'를 부르며 얼싸안을까 봐 걱정이다. 대통령의 순정 때문에 나라가 날아가 버리기 전에 문 대통령의 눈에서 콩깍지가 벗겨지기를 간절히 빈다. 2018/7/31

사법부는
생존할 수 있을까?

「햄릿」
윌리엄 셰익스피어

릿은, 그의 유명한 "살 것인가 말 것인가" 독백에서 단
도短刀 한 자루로 목숨을 끊으면 헤어날 수 있는 이승의
수많은 재앙, 꼴불견으로 '압제자의 횡포, 거만한 자의 모욕, 실
연의 고통, 질질끄는 소송the law's delay, 관리의 오만불손' 등을 열
거한다. 대지주의 토지 소유권이 복잡한 혈연과 혼맥에 얽혀 있
던 유럽에서는 소송이 몇 대를 질질 끄는 일도 드물지 않았다고
한다. 송사의 기간이나 판결이 오로지 '원님 맘대로'였던 조선조
에서도 송사는 대부분 패가망신의 첩경이었다.

　그런데 민주적 사법제도가 확립된 21세기 한국에도 질질 끌
면서 당사자들의 피를 말리는 재판이 허다한 것 같다. 판사 한
명이 심리, 판결해야 할 소송 건수의 과도함이 큰 원인일 것이다.
이 상황은 판사들에게 가혹할 뿐 아니라, 판사들이 소송 내용을
제대로 검토하고 숙고할 시간이 부족해서 판결이 부실해질 수
있을 터이니 법의 수요 대중에게도 심각한 상황이다.

　양승태 전 대법원장이 "대법원에 상고하는 사람들은 이기

적"이라고 했다고 한다. 어떤 평범한 시민이 초심과 재심의 판결이 억울하다고 생각해서 피눈물을 머금고 대법원에 상고한다면 이기적이기보다는 측은한 일이다. 그러나 대법원장의 입장에서 보면 대법원은 국가적으로 중요한 문제만 다루기도 벅찬데 개인 간의 갈등까지 대법원이 해결해주기를 바라는 상고인이 이기적으로 보일 수도 있을 듯하다. 사법부가 오랫동안 염원한 '상고법원'의 설치가 당연한 해결책일 듯한데, 왜 공론화되지 못하고 이를 위해 사법부가 은밀하고 부정한 로비를 했다는 의심마저 받기에 이르렀을까?

법률의 수요자인 국민으로서는 사법부가 판결을 로비 수단으로 삼았다는 의심만으로도 분노할 수밖에 없다. 그러나 이 분노와는 별도로 사법 정의 향상을 위해서 국민도 사법부의 상황 개선에 힘을 보탬이 마땅하다. 그런데 정부는 사법부를 '작살내는' 것이 최종 목표인 듯하다.

민주주의는 위정자 개인보다는 제도에 의해 움직여야 한다. 그런데 현 정권은 사법부, 군대, 교육제도, 기타 나라의 근간이 되는 모든 제도와 기관을 거대한 가마솥에 패대기쳐 넣고 초대형 삽으로 짓이기고 있다. 토막 난 기둥을 다시 매만져서 지주支柱로 쓸 수가 있겠는가? 2018/8/7

기자들은
모두 실명했을까?

『눈 먼 자들의 도시』
주제 사라마구

○우리나라 공영방송사들에는 정말 예산이 넘쳐나는 모양이
다. KBS·MBC에는 방송에 필요한 인원의 2배가 취업하
고 있다는 인상이 든다. 방송사별로 좌파 성향의 직원군群과 보
수 성향의 직원군이 있어서 집권당의 이념에 따라 한쪽이 헤게
모니를 장악하고 다른 한 편은 '물을 먹게' 되는 것 같다.

작년부터 많은 보수성향 아나운서·기자·PD들이 KBS와
MBC에서 적폐로 몰리며 해직까지 되고 고발도 당하고 있다.
이런 굿판이 벌어지는 사이에 방송 내용은 부실과 왜곡을 넘어
반역의 경지를 넘나들지 않는가? KBS나 MBC를 장악한 세력
들은 광우병에 대한 거짓 보도로 갓 출범한 이명박 정권을 산송
장으로 만들었던 그 '쾌거'를 일상사로 만들려고 작심했겠지만,
이제 국민은 그 악의와 거짓에 식상하고 분노하고 있다. 그래서
나온 성적표가 MBC 뉴스데스크의 1%대 시청률이다.

나는 해당 언론사의 기자들이 이런 성적표를 받고, 아니 시
청자들을 교묘히 기만해서 높은 시청률을 얻었더라도, 진실을

은폐하고 국가에 해惡가 되는 정책을 미화하면서 행복할 수 있을까 정말 의문스럽다. 그들이 언론 고시에 도전할 때 사명감 따위는 없고 오로지 일신의 영달을 목표로 했을까?

생각이 올바르고, 지금 언론계의 관행에 대해 근심스럽고 노여워하는 언론인이 많은 줄 알고 있다. 그런데 혼자 깃발 들고 앞서 나가는 것이 너무 위험해 보여서 동료들이 호응 안 하면 나만 희생양이 될까 봐 몸을 사리는 것 아닐까? 그러나 언론인의 연합 전선은 군대도 무너뜨리지 못할 것이다.

이번 북한산 석탄 수입건이 단순한 밀수의 차원이 아니라는 것은 보통 시민도 짐작하고 있다. 그러나 뒷공론으로 알고 있는 것과 언론이 정식으로 밝혀주는 것의 차이는 지대하다. 언론이 정식으로 보도하면 국민이 바르게 보고 거부할 것을 거부할 수 있게 된다. 우리나라의 국체와 헌법을 수호하기 위해서, 옳고 그름이 분명한 나라를 자손에게 물려주기 위해서, 초심으로 돌아가 주기를 모든 언론인에게 호소한다.

1998년도 노벨상을 받은 포르투갈 작가 주제 사라마구가 쓴 『눈 먼 자들의 도시』에서 안과 의사는 이렇게 말한다. "가장 심하게 눈이 먼 사람은 보이는 것을 보고 싶어 하지 않는 사람이다"라고. 2018/8/14

중금속에 뒤덮일
우리 산하

「빼앗긴 들에도 봄은 오는가?」
이상화 詩

어느 분이 고즈넉하기 그지없는 산사山寺의 아침에 종소리와 풍경 소리가 은은히 울려 퍼지는 동영상을 카카오톡으로 보냈다. 어찌나 아름다운지 몇 친지에게 전달했더니 그중 한 분에게서 "이 정권은 여기도 태양광판을 설치하려나?" 하는 반응이 왔다. 그 글을 보는 순간, '주사파 쓰나미 뒤에 무엇이 남아날까?'하는 생각이 머리를 스쳤다.

고려의 유신遺臣 야은冶隱 길재가 돌아본 도읍지와 달리 문재인 정부가 휩쓸고 간 뒤엔 산천마저 폐허가 될 것 같다. 러시아처럼 석탄, 석유, 천연가스가 풍부한 나라도 원전을 짓는데 우리는 세계가 선망하는 원전을 왜 없애버리려고 야단인가? 두어 시간 감상한 재난 영화 한 편이 수많은 전문가의 논리적 설득과 국민의 절박한 호소보다 더 영향력이 크다면 그런 대통령을 민주국가의 통치자랄 수 있는가? 아니면 어떤 속셈을 예술적 감흥이라는 장막 뒤에 숨기는 것인가?

'탈원전' 정책 강행은 환경 애호가·단체의 패배가 될 것이다.

태양광판을 설치할 농지, 임야 가격이 10배까지 뛰었다고 하니 어마어마한 이권이 개입된 사안 같다. 태양광발전이 나라의 주력 발전이 되면 우리 산하는 만신창이가 되어버리고, 우리 산업은 불구가 되고, 국민 생활은 정전의 공포에서 한순간도 벗어나지 못하게 될 것이다.

태양광발전으로 현재 원전의 전력 생산량을 대체하려면 우리 민족의 영산靈山인 태백산, 소백산, 속리산, 월악산을 모조리 합친 면적, 또는 서울시와 주변 도시들을 합한 면적, 또는 부산광역시의 두 배 면적의 지표면에 태양광판을 깔아야 한다고 한다. 그 비용이 우리 국고를 거덜 낼 것이고, 태양광판 설치를 위해 땅을 깎으면 우리나라는 작은 홍수에도 큰 산사태가 나게 된다. 그리고 전환된 농지만큼 수확이 줄어서 혹 전쟁 등 비상사태 시에 식량 수급이 힘들어질 수 있다. 게다가 태양광발전소는 수명이 짧아서 15년 후면 또 그만한 면적에 태양광판을 깔아야 된다고 한다. 중국산 태양광판의 수명은 3년이라는 말도 들린다.

일제강점기의 시인 이상화는 빼앗긴 들에 봄이 찾아온 기적을 '살진 젖가슴과 같은 부드러운 이 흙을 발목이 시리도록 밟아도 보고' 싶다고 노래했다. 그러나 버려진 태양광판이 널브러지고 중금속이 스민 산하는 맨살을 대어볼 수 없는, 독기 품은 산하다. 2018/8/21

일어서!
내 얼굴 봐!

『고타 강령 비판』
칼 마르크스

O 달 초 몽골에서 현지인 가이드가 시베리아 행 기차가 러시아 국경에서 입국심사를 위해서 2~3시간 정차할 것이라고 했을 때, '무언가 잘못 말한 것이겠지' 했는데 그렇지 않았다. 우리 기차는 한 시간 남짓 섰는데, '문제' 승객이 발견될 경우에는 그 문제가 해결되거나 또는 그곳에서 해결이 불가능하다는 판정이 나올 때까지 출발할 수 없었을 것이다.

몽골에서 피곤한 몸으로 기차에 올랐는데, 기차의 승하차 계단이 어찌나 가파른지, 위에서 누가 짐을 받아 올려주지 않으면 한 손에 짐가방을 들고 오르는 게 불가능했다. 기차 안에는 영어로 된 안내판이나 지도 하나도 없었고 어떠한 안내방송도 없었다. 승무원들은 영어를 한마디도 못했다. 화장실은 오물이 그냥 선로로 떨어지게 돼 있어서 기차가 일정 속도 이상으로 달릴 때만 사용할 수 있었는데, 한 역에서 20~30분씩 정차하기도 하고 국경에서는 1시간 이상 정차해서 여러 승객이 발을 동동 굴렀다.

국경 검문소에 기차가 멎자, 기차 안에 삼엄한 분위기가 감돌았다. 그냥 좀 불친절한 승무원들과는 달리 말쑥한 제복의 군인들이 올라와서 비좁은 4인용 객실 내 승객들의 여권을 검사했다. 한밤중이어서 이미 이층침대의 위 칸에서 잠들었던 승객들은 곡예 하듯 내려와야 했다. 아래 칸의 승객들은 기립했고, 그냥 서서 여권을 내밀면 되는 것이 아니고 검사관의 눈을 쳐다보아야 했다.

"Stand up! Look at me!"라는 명령에 불복하면 어떤 사태가 벌어지는가를 보고 싶은 호기심이 피어올랐지만 공연한 만용을 부렸다가 사무실로 불려 내려가고 모든 승객의 여정에 방해가 되어서는 안 되겠기에 참았다. 나중에는 승객 네 사람을 모두 좁아터진 복도로 나오라고 하고는 침대 아래 칸을 들어 올려서 그 아래에 있는 짐칸을 검색했다. 4인용 객실이 스무 개가량 있는 한 량을 다 검색하는 데 1시간 정도 걸렸다. 지극히 순조로운 검색이었는데도. 관리들이 사라진 후 여러 방에서 "사회주의여 영원하라!"는 저주가 터져 나왔다. 러시아 국민에게는 미안한 말이지만.

마르크스는 『고타 강령 비판 Critique of the Gotha Program』에서 공산주의의 목표를 '모두에게서 능력만큼, 모두에게 필요만큼'이라고 선언했다. 이런 검문검색은 누구의 필요를 충족하는 것일까? 그리고 우리 중에 사회주의를 흠모하는 사람은 왜 그럴까?

2018/8/28

사법부와
정의正義의 거리

『불멸의 신성가족』
김두식

 래 전, 김두식 교수의 『불멸의 신성가족』을 읽고 나서
아, 정말 이민이라도 가버리고 싶다는 강한 충동을 느꼈
었다. 제목은 법조사회의 선민의식과 배타적 공동체의식을 반영
하는데, 그 내부의 로비, 청탁, 먹이사슬 구조, 전관예우, 상급자
의전 등 온갖 비리와 모순의 만화경을 보여준다. 한국민이 이런
집단을 '정의의 보루'로 의지할 수밖에 없는 것이 너무 슬펐다.

  이 책에서 매우 인상 깊었던 대목 중의 하나가 저자가 지금
의 아내에게 구애를 하는데 아내가 '사법고시 합격자'에 대한
거부감이 강해서, 그가 자기는 사시합격자이지만 사시합격자 류
의 인간이 아님을 입증하느라 애를 먹었다는 대목이다. 여기서
사시합격자란 철저히 자기위주의 출세 지상주의자로 남들 위에
군림해야하는 유형의 인간을 말하는 것이 아니겠는가. 소위 '신
분상승의 사다리'였던 우리의 사법고시는 신분의 벽에 작은 구
멍을 내는 한 편 더 철저하고 배타적인 신분의 철옹성을 구축
하는 도구였다.

지난 금요일, 서울고법 김문석 부장판사는 삼성이 동계스포츠 영재센터에 지원한 16억 원이 박근혜 전 대통령에게 제공한 간접적인 뇌물일 가능성이 높다는 등의 이유로 박 대통령에게 징역 25년, 벌금 200억 원을 선고했다. 그것도 피고인의 나이와 건강을 고려한 형량이라고 한다. 이 언도를 접하는 순간 김문석 판사가 바로 '사시형 인간'이 아닐까하는 생각이 들었다. 자신의 '감'이 증거보다 정확하다는 확신을 갖고 한 연약한 여인을 감옥에 매장하려는 법관, 그의 판결이 사법부파괴에 나선 이 정권의 입맛에 딱 맞을 듯해 보이는 것은 나의 착각일까? 그에게 정의의 의미는 무엇일까? 그가 혹시 드루킹 사건을 맡게 된다면 그의 감은 그에게 국가의 운명을 조작한 이 국기문란 사건에 대해 어떤 확신을 갖게 하고 그의 정의감은 김경수에게 어떤 판결을 내리게 했을까?

　　사실, 필자는 박 대통령 재임기간 못마땅한 점이 많았지만 박 대통령의 죄가 무엇인지는 아직도 막연하기만 하다. 박 대통령은 재임기간에 적어도 국민의 삶을 안정시켰고 안보를 튼튼히 했고 국가경쟁력도 향상시켰다. 국민의 삶을 피폐화하고 나라의 안보를 무너뜨리고 나라의 중추기관을 하나씩 파괴하는 이 정권은 국민을 광란의 밤기차에 몰아넣고 전속력으로 질주하고 있다. 이 나라 최고의 엘리트집단 사법부에는 탈출 작전을 지휘할 인물이 없는 것일까? 2018/8/28

타인의 명예로
예술적 유희를?

요한복음 8장 32절
성경

지난달 28일 서울중앙지법 중법정에서 국민참여재판으로 열린 다큐멘터리 「백년전쟁」(민족문제연구소 제작)의 명예훼손 혐의에 대한 심리, 공판을 방청했다. 이날 심리한 사안은 이 다큐가 우리의 초대 대통령 이승만 박사가 미국 본토에서 맨법(Mann Act: 불순한 목적으로 아내가 아닌 여성과 주 경계를 넘어 여행하는 것을 범법행위로 보았던 당시의 법) 위반으로 본토에서 기소를 당했다고 주장하며 그 사안이 하와이 법정으로 이관되어 무혐의처분을 받았다면서 존재하지 않는 범인 얼굴 사진_{mug shot·머그샷}을 합성해서 미국 경찰국에 보관된 파일인 양 다큐에 삽입해서 이 박사의 명예를 훼손한데 대한 것이었다.

사자死者에 대한 명예훼손 소송이니, 문제의 다큐가 없는 기록이나 서류를 조작해서 관련 인물의 명예를 훼손했는가를 판단해야 할 텐데, 이 법정은 웬일인지 인물 사진을 허위로 합성해서 범죄자로 제시하는 것이 예술적 자유에 속하는가를 따지는 자리가 되었다.

피고인 측 증인으로 출석한 어느 영화 평론가는 역사 다큐에서 그런 합성이 예술적 자유에 속한다는 견해를 밝혔다. 역사 다큐라 해도 제작자의 주관이 배제될 수 없는 것이니 패러디는 표현의 자유에 속하고, 패러디가 허용되지 않는다면 문화계는 존속할 수 없다고도 주장했다. 검찰 측은 반대신문에서 바로 그 평론가가, 이 다큐가 처음 나왔을 때 (아마도 조작 사실을 모르고?) 사실에 충실한 다큐라는 점을 매우 높이 평가했던 평론을 제시하며 어느 쪽이 그의 진정한 견해인가를 물었는데, 재판장은 검찰 측이 피고인 측 증인으로부터 피고에게 불리한 진술을 유도하겠다고 사전에 재판부에 고지하지 않았으므로 그런 신문訊問은 안 된다고 가로막았다.

정말 유능한 검사나 변호사는 상대편 증인 진술의 허점을 파헤쳐서 진실이 드러나게 하는 것인데, 우리 법정에서는 왜 그것이 안 될까? 재판장은 검사 측 신문을 막고 나서 배심원들에게 '이 재판은 그런 사진 합성이 예술적 자유에 속하는지를 판단하는 자리'라고 지침을 주었다. 대부분 새파란 젊은이들로 보이는 배심원들의 평결은 건국 대통령을 파렴치범으로 조작하는 것도 예술적 자유일 수 있다는 것이었다.

예수는 '진리가 너희를 자유케 하리라'고 말씀했는데, 다큐 제작자들에게는 진실은 족쇄이고 예술적 유희가 그들을 자유케 하는 모양이다. 이제 역사 다큐는 '예술 역사 다큐'로 개칭되어야겠고, 우리 국민은 살아서나 죽어서나 다큐의 소재가 되는 불상사를 면하기만 바라야겠다. 2018/9/4

문재인 정부의
국정 파트너는 누구?

『카르멘』
프로스퍼 메리메

　　재인 대통령이 4·27 판문점 선언의 신속한 국회 비준을 요구했는데 국민적 의혹이 일어나니 더불어민주당이 평양 정상회담 이후에 논의하기로 일단 유예한 모양이다. 대통령은 4·27 선언의 이행에 막대한 예산이 들기 때문에 국회의 비준을 받아서 힘 있게 추진하기 위해서라고 이유를 밝혔는데, 비준 없이도 이미 엄청난 국고가 북한으로 흘러간 상황에서 이제는 아예 남북한을 '경제 공동체'로 만들려는 것인가 하는 불안이 국민 사이에 확산되고 있다. 정부와 여당은 비준을 말하기에 앞서 국민에게 4·27 선언의 경위와 이면 합의 사항 그리고 이행에 드는 비용 등 상세한 내용을 알릴 의무가 있다.

　　문재인 정부가 출범할 때 국민은 적어도 새 정부가 국민과의 소통은 '끝내 줄' 것으로 생각했다. 그런데 역대 어느 정부도 이처럼 독단적인 정부는 없었다. 모든 국내 정책은 국민 여론 수렴 과정 없이 전격 발표·강행하고, 부작용과 국민적 저항이 심하면 이상한 통계와 이론을 들고 나와 더 강경하게 밀어붙인다. 이대로 가면 우리나라는 뼈만 앙상한 부실 국가가 되고 말 것이다. 여당 대표는 20년 집권 운운하지만 행정부는 2년 이상 통치 불가능한 나라를 만들어가고 있지 않은가? 오죽하면 남한을 삼키려고 노리는 북한이 그들이 먹기 전에 살코기가 다 떨어질까 봐 소득 주도 성장을 비판하겠는가.

북한을 지극히 섬기는 이 정권이 대북 경제 지원으로 국고를 얼마나 축냈는지, 국가 기밀조차 넘기고 있는 것은 아닌지, 국민은 애가 탄다. 4월 27일에 김정은에게 직접 건넨 USB메모리에는 무슨 정보가 들어 있었으며, 그 만남의 다리에서 둘만의 오붓한 대화에서는 무슨 이야기를 했는지, DMZ에서 GP 병력과 장비를 철수하고 지뢰를 제거하고 휴전선에서 서울로 통하는 도로에서 군 방호 시설을 철거하니 북한이 남하하면 무엇으로 저지할지 국민은 근심뿐이다. 이 정부는 미국을 어루만져서 북한이 원하는 종전선언을 받아내고, 핵 폐기는 시늉만 내면서 무한히 미룰 방법을 북한보다 더 열심히 모색하고 있는 것 같은데 그렇게 열심히 섬기면 김정은이 결초보은할까?

비제의 오페라로 더 널리 알려진 『카르멘Carmen』에서 돈 호세는 카르멘에게 모든 순정을 다 바치고도 배신을 당하자 카르멘을 살해하고 만다. 김정은은 남한 정권이 자기에게 복수할 결기도 없으리라 믿고서 저리도 능멸하는 것 아닐까? 2018/9/11

대륙 횡단 철도라는
도박

『중국의 역사』 7권
진순신

○리 정부가 북한에 철도를 깔아서 철로로 러시아를 통해
서 동유럽, 서유럽까지 북한과 동반 진출하겠다는 야무
진 꿈에 부푼 것 같다.

정부는 판문점 선언의 국회 승인을 요청하면서 선언 이행에
소요될 예산이 2년간 4천 몇 백 억 원이라고 했는데, 남북한의
철도 연결만도 몇 천 억 원으로는 될 수가 없다고 한다. 현재 러
시아의 철로는 광궤廣軌 철로이고 북한의 철로는 표준 철로여서
북한과 러시아의 철로를 맞닿도록 연결한다 해도 같은 열차로
이어 달릴 수가 없다고 한다. 더구나 북한의 철로는 약한 지반
위에 가설되어 있어서 기차가 현재처럼 40㎞의 속도로 달리면
부지할 수 있어도 그보다 빠른 속도로 달리면 하중 과다 부과
로 철로가 파손되고 지반이 침하되어 버린다고 한다. 요즘 세상
에 시속 40㎞의 기차로 관광을 즐길 사람이 얼마나 되겠으며
시속 40㎞ 열차가 효율적 화물 운반의 수단일까?

최근 일본에서 광궤, 협궤, 표준궤 철로 폭에 맞추어 바퀴

사이가 조정되는 기차를 만들기는 했는데 가격이 어마어마하게 비싸다고 한다. 그래서 북한의 모든 열차를 궤 폭 자동조정 열차로 대체하려면 그 비용은 상상을 초월할 것이라고 한다. 남북한 철도 연결은, 남한의 전류는 교류이고 북한의 기차를 움직이는 전류는 직류여서 현재 같은 전동차는 남북의 철도를 연속해서 달릴 수가 없고 디젤기관차라야 되는데 디젤차의 기관실 뒤에 발전차량을 설치하고 객차나 화물차를 연결해야 된다고 한다. 그러면 고속 운행은 꿈도 꿀 수 없고, 남북한 철도 연결은 천문학적인 예산을 잡아먹고 기차는 애물단지 고철 덩어리로 어지럽게 팽개쳐질 것이고, 망가진 북한의 산하는 더욱 파괴될 것이라고 한다.

민주국가의 통치자라면 자국 내에서라도 국고를 쏟아 붓는 대규모 사업을 계획할 때는 토목공사를 벌일 지반의 굳기부터 세목별 소요 추정 예산, 예상되는 성과와 역효과 등에 대한 타당성 조사를 면밀히 하고서 국민의 동의를 얻어야 하는 것 아닌가? 더구나 들어갈 수 없었던 낯선 땅에서야.

진순신의 『중국의 역사』를 보면 당대 최고의 경제·문화 대국이었던 북송北宋은 '오랑캐' 요나라와 금나라에 세폐를 바치며 나라를 보전하려고 했지만 그 돈으로 더 강성해진 금나라에 황제 부자가 포로로 끌려가고 나라는 반쪽이 나고 말았다. 우리도 세계와 후대에게서, 북한에 철로와 도로를 닦아주어 침략의 하이웨이를 열어주려 했다는 조롱을 당하게 되지 않을까?

2018/9/18

제 살 파먹는
벌레

『우화』

이솝

□칠 전, TV채널을 돌리는데 어느 지상파 방송에서 우리 나라 재벌들이 '쪼그라들고 있다'는 보도를 하고 있었다. 어느 재벌총수는 갑질을 하다가 사표를 내야했고 어느 기업 대표도 갑질로 곤경에 처했고, 삼성도 핸드폰의 세계시장 점유율이 작년도 보다 몇 퍼센트 하락할 것이라고 취재기자가 신나서 떠드는 것이었다.

세계시장에서 삼성의 매출 감소가 기뻐할 일인가? 삼성 핸드폰의 세계점유율이 떨어져서 한국 상품의 성가聲價가 동반하락하고 우리의 산업 전반이 위축되어도 삼성이 한 방 맞으면 신나는 일인가?

이 정부 들어서 대기업들이 국가의 공적公敵으로 몰리고 있다. 나 자신 이제껏 재벌들에 대해서 호감을 갖지 않았다. 그러나 이 정부가 대기업들을 모조리 죄인 취급하니까 우리나라 국민 생활에서 대기업들의 역할에 대해서 새롭게 생각해 보게 된다.

우리나라 일자리의 14%가 30대 재벌 기업이 제공하는 것이라고 하고 그 납품업체, 협력업체 등의 일자리까지 합하면 국민의 1/3 정도가 생업을 전적으로 또는 부분적으로 재벌기업에 의존하고 있다고 한다. 대기업들이 없었다면 우리나라가 세계에서 경제규모 10위권에 들 수 있었겠는가.

물론 그동안 일부 대기업의 부당행위도 있었고 오너들의 잘못된 처신도 있었지만 재벌에 대한 맹목적 적개심과 적대행위는 내 살 파먹기와 다름없다. 공정거래위원장이 공식회의에서 '재벌들 혼내주고 오느라 늦었다'같은 쌍스럽기 짝이 없는 말을 하면 국격이 깎이고 나라 경제가 병든다. 또 삼성전자가 지난해번 순이익가운데 20조 원만 풀면 200만 명에게 1천만 원씩 더 줄 수 있다는 발언을 여당 원내대표가 하니 온 국민이 돈 잔치 한판 벌이고 죽어버리자는 말인가?

대통령의 평양 나들이에 수행하라는 요청을 거부할 수 없어서 동행한 재벌기업들의 운명이 바람 앞의 등불 같아 보인다. 김정은과 문 대통령이 요구하고 권유하는 북한에 대한 대규모 투자를 거절할 방도가 있을까? 더구나 이재용 부회장은 아직 재판이 걸려있고, 삼성은 방북 전날 8번째 압수수색을 당했는데. 우리의 유수 기업들이 북한에 대대적인 투자를 하고나서 '국유화'를 당하면 우리 경제는 종말 아닌가?

이솝 우화에 나오는 바보처럼 황금알을 낳는 거위를 잡아서 먹어버리면 다음 날부터는 굶을 일밖에 없다. 18/10/2

국민 세금은
공돈이 아니다

『시민 불복종의 의무』
헨리 데이비드 소로우

대학병원에서 봉직하다 은퇴 후 작은 개인병원을 개업한 분이 이번 6월에 작년보다 대폭 인상된 사업소득세 2억 원을 납부했다고 한다. 이제까지는 병원 수입에 비해 부담하기 벅찬 세금이지만 성실납부하며 자신이 국가경제에 이바지한다는 생각에 긍지를 느껴왔는데, 이제는 피 같은 자신의 세금이 악용되고 있다는 생각에 화가 치민다고 했다.

고정수입으로 생활하는 시민에게는 정부의 어리석은 정책으로 인한 집값 폭등은 축복이 아닌 재앙이다. 재산세가 덩달아 뛰니 아파트를 한 귀퉁이 떼 내어 세금 낼 수도 없고, 생활비를 줄이는 수밖에 없다. 폭등했던 집값이 폭락하면 낸 세금을 반환받을 수 있을까? 혹시 집값 폭등은 이 정부가 세금 짜내기 위해서 기획한 것일 수도…?

19세기 미국의 사상가 헨리 데이비드 소로우Henry David Thoreau는 그의 (후에 논설문으로 출간한) 1848년 강연에서, 국민이 불의를 행하는 정부의 자금을 대서는 안 되므로 납세를 거부해야한다고 주장했다. 당시 미국 정부는 노예제 폐지를 고심하면서도 남부 주들의 이탈을 막기 위해서 어정쩡한 타협을 하고 있었고 텍사스를 합병하기 위해서 멕시코와 전쟁을 벌이고 있었다.

금융전산망의 완비로 국민의 재산과 소득이 완벽하게 파악되게 된 것은 박근혜정부의 치적이라는데, 그 덕에 이 정부는 세금을 그냥 주어 담으면 된다고 한다. 그런데 쉽게 걷혀도 국민의 피와 살인데 이 정부는 그 돈을 흔전만전 쓰고 퍼주고 흘리고 있다. '경제 살리기'에 수십조를 쏟아 부었다는데 자영업자들이 무수히 파산하고 일자리는 줄어만 간다.

남북경협 사업은, 현장조사도 할 수 없고 토목공사의 시공도 감리도 할 수 없으니 수십 조 인지 수백 조 인지 돈만 싸다 주는 것인가? 그러면 김정은과 그 측근들이 적당히 착복하고 나머지로 우리 금수강산을 모조리 헤집어놓는 것 아닐까? 이런 경협을 위해서 국방까지 실질적으로 내어주니 북한주민의 노예상태를 영속화하고 우리 국민마저도 사지死地에 빠뜨리는 것 아닌가?

게다가 청와대와 관계자들은 독거노인이 한 달은 살 수 있는 금액을 일인당 하룻밤 식사대, 술값으로 쓰고도 그것을 문제 삼는 국회의원을 '쪼잔'하다고 하니, 정부가 국민을 위해 존재하는가, 국민이 정부를 위해 존재하는가? 18/10/9

서지문의 뉴스로 책 읽기

발행일 초판 1쇄 발행 2018년 12월 26일   4쇄 인쇄 2019년 2월 7일

지은이 서지문
펴낸이 안병훈
펴낸곳 도서출판 기파랑
등록 2004년 12월 27일 제300-2004-204호
주소 서울시 종로구 대학로8가길 56(동숭동 1-49) 동숭빌딩 301호
전화 02)763-8996 편집부 02)3288-0077 영업마케팅부
팩스 02)763-8936
이메일 info@guiparang.com
홈페이지 www.guiparang.com

ISBN 978-89-6523-635-1 03300